JOVENEL MOISE
YON VIZYON POU YON NOUVEL AYITI

Yon Ayiti ki sosyalman solidè, ekonomikman endepandan ak politikman estab.

Jovenel Yon Vizyon Pou Yon Nouvel Ayiti

Bertony Paul
ISBN - 978-1-5323-1842-9

Chapit

Paj

Tab matyè yo

1- *ENTRODIKSYON*

« Si en 1804, le PALMISTE symbolisait la liberté politique des noirs de Saint-Domingue qui avaient fondé l'État d'Haïti, aujourd'hui, la BANANE de Jovenel Moïse constitue l'emblème de la liberté économique par la production agricole nationale. » – Cyrus Sibert

Jovenel Moise PHTK Nèg a bannann nan, se yon ewo, se yon modèl nasyonal pou tout Ayisyen ki vle yon Ayiti modèn, jan Misye

Cyrus Sibert byen di nou sa anlè a. Grenn promennen di li wè, men bwa pi wo wè pi lwen pase li. Kidonk, an nou tout timoun, jenn ake granmoun Ayisyen pran plas sou zepòl Prezidan Jojo pou nou ka wè, pou nou ka gade nan menm direksyon ake li; epi avanse ansanm ake li nan konstriksyon yon nouvèl Ayiti ki sosyalman solidè, ekonomikman endepandan ake politikman estab.

Jovenel Moise pa ka rebati Ayiti pou kont li. Se sak fè nap envite tout Ayisyen nan dyaspora sitou nou menm ki fè pati de 87% entelektyèl peyi Dayiti epi tou kap viv lòtbò dlo yo, pou pote mouvman PHTK sekou nan ede fanmi ake zanman nou an Ayiti pou ede yo fonde yon seri de Club nan chak katye pou patisipe nan rekonstwi peyi a, sou baz sosyo-antreprenaryal Agritrans S.A a kòm modèl de devlopman osinon liberasyon sosyo-ekonomik nasyonal. Nap jwenn plis enfo sou Club yo nan chapit 4 la ki rele: Vizyon Patriyotiko-sosyo-ekonomik la.

Se vre ke nou tout kap founi je gade ti biznis Jovenel Moise la nan Trou Dinò sitou kote anviwon 3,000 peyizan sila yo ki petèt ap travay pou la premyè fwa nan lavi, mwen espere ke yo vreman kontan. Men, mezanmi sa se tròkèt epi chay la dèyè. Sa mwen rele chay la isit la, se sa ke nou pa wè a, se solidarite sosyal ki egziste kote ke Prezidan Jojo reyini plizyè oganizasyon peyizan epi monte projè a ansanm ake yo kòm patnè/envestisè. Si nou tout pote kole pou pataje nouvèl vizyon sila a ake tout pitit tè peyi Dayiti yon fason ki pratik pou kreyasyon byen ake sèvis an kolaborasyon ake Agritrans S.A nan nivo nasyonal ak entènasyonal. Mwen promèt nou sa, nan tan kap vini la yo, anpil envestisè nasyonal ak entènasyonal elatriye ap vini patnè ake mouvman sila a, si nou koumanse anseye li tout swit ake timoun yo, jenn yo ake granmoun yo elatriye pou mete Ayiti sou menm pye degalite ake tout peyi devlope yo.

Gen yon provèb ki di: "lèw bay yon moun yon pwason, ou bali manje pou yon jou. Men, lèw moutre yon moun peche, ou bali manje pou tout lavi li." Se egzaktamente leson sila ke Prezidan Jojo PHTK ap reyalize nan Trou Dinò aktyèlman ak Agritrans S.A kote lap aprann peyizan nou yo fè biznis la nan yon nivo siperyè pou bonè tout nasyon a. Anfen, map soupriye espesyalman entelektyèl Ayisyen yo sitou noumenm ki fè pati de 87% kap viv nan diaspora, fèm konfyans, Jovenel Moise PHTK pare pou travay ake nou pou chanje Ayiti pou de bon. Paske, mwen konnen kè li, epi lap tann nou tout pou kolabore ake li pou aprann tout Ayisyen ki ap viv Ayiti yo kijan pou yo naje ansanm, pou yo ka soti ansanm *nan lanmè lanmizè kap toufounen ake depafini pèp Ayisyen an. An nou tout pote kole pou zanman ake fanman nou sispann chita ap tann aktyèlman Nouyòk; paske yo tout gen gro aktyèlman Ayiti pa yo nan man yo, ki rele yo chè mèt chè mètrès.*

2- *Pwogram politik Nèg Bannann nan*

Program politik Jovenel Moise ake PHTK chita sou: valorizasyon de tè a, dlo a, solèy la ake moun yo pou yon revolisyon sosyo-ekonomik ki chita sou agrikilti biolojik ak touris pou kreye yon nouvèl sosyete Ayisyen ki sosyalman solidè, ekonomikman endepandan ak politikman estab.

1. Pwomosyon fanm kòm poto mitan devlopman touristik ak sosyal.

2. *Abilite jèn yo ak timoun yo pran lidèchip sou pwoblèm sosyal.*

3. *Mize sou estrikti sosyal ki egziste deja yo pou asire devlopman ekonomik.*

4. *Fòmasyon nan mendèv yo dwe konpetitif nan 21yèm syèk la.*

5. *Konsantre sou vokasyonèl ak Antreprenarya Sosyal.*

6. *Konsantre sou devlopman enèji.*

7. *Konsantre sou devlopman riral pou sipòte sektè agriKilti biolojik la.*

8. *Konsantre sou ranfòsman Leta lokal ak kreyasyon antrepriz sosyal.*

9. *Konsantre sou sipò pou òganizasyon de baz ake politik.*

10. *Konsantre sou edikasyon patriyotik nasyon an.*

Finalman apre 2 syèk de povrete, 21 yèm syèk Ayisyen an ap feminen osinon li pap egziste. Se nan sans sa a nou pran angajman pou ede medam yo fè promosyon pou tèt yo epi pran responsablite yo nan nivo sosyal, ekonomik ake politik.

Nou se yon ekip ki la pou:
Sèvi moun yo ake gouvènman yo a.
Pou ankouraje jenn/nouvo antreprenè yo kreye yon vilaj touristik de 200 chanm nan chak minisipalite ak patisipasyon gouvènman lokal yo, kominote yo ak dyaspora a elatriye, yon manyè pou rantre a pe prè 6 milyon dola ameriken pa ane pou chak minisipalite, pou jide kreye yon nouvo Ayiti kote ke tout anplwaye leta yo touche a lèz; epi envesti nan edikasyon, enfrastrikti, faktori, kilti aquaponics, do kay ki gen jaden, enèji vèt yo, la polis touristik ak polis kominotè elatriye.
Anvan ti madanm bat je li, nou ka ede kreye pou 140 komin yo

28 mil chanm motel epi pote prèske 900 milyon dola vèt

Chak ane, si nou toujou gen 140 komin. PHTK responsab pou siyen kontra ake lot Organization politik, sosyal ak ekonomik andedan chak minisipalite yo pou yon devlopman sosyo-ekonomik ansanm komin yo pou rive nan devlopman moun ak bagay, ki se sèl objektif an nou. Epi pratike la solidarite sosyal pou pote kontantman ak la jwa nan kè an nou.

2.1- *ESTRATEJI LANMÈ BLE*

Estrateji nou anplwaye nan kad rechèch antreprenarya sossyal ke Jovenel ake nou ap devlope andedan PHTK a rele:"Bleu Ocean Strategy | Estrateji Lanme Ble."Se yon sistem ki pemet nou rive rann tout konpetisyon irelevan osinon elime tout konpetisyon entèn yo paske prodwi nou yo inik, pafe epi san parèy osinon san konpetisyon. Nou rive fè sa paske nou kite tout politisyen tradisyonèl yo ap goumen ansanm nan yon espas chyen manje chyen ke nou rele lanmè wouj pandan ke nou menm nou ale nan yon lòt espas ki rele lanmè ble ake yon politik inik epi nouvèl ki chita sou yon revolisyon sosyo-ekonomik nan tèt ansanm ki senbolize pa mouvman Nèg Nannann nan: (https://www.youtube.com/watch?v=zrGOBdV m-KE)

LANMÈ WOUJ	LANMÈ BLE
Mache politik Ayisyen an vreman satire nan ane 2015 la	*Yon sel pati ki o sèvis pèp la ake otorite etabli yo*
192 pati politik san projè ni konviksyon nan batay pou chez boure	*Jovenel Moise + PHTK = yon projè sosyo-ekonomik san rival pou kreye travay ake richès pou retire Ayiti nan mizèrere*
Yon mond madichon tradisyonel ki chita sou vyolans ake koripsyon	*Yon mond modèn ki chita sou yon mouvman sosyo-antreprenaryal*

kap disparèt	pasifik ki nan pasay
Move Bò a	Bon Bò a

2.2- RESOUS

Kolaborasyon piblik/prive pou kreye ti biznis fòmèl, pou kreye djòb nan tèt ansanm ak gouvènman lokal yo. Pou sa, nap kòmanse negosyasyon ak planifikasyon ak Asosiyasyon nasyonal Majistra yo pou kòmanse jete baz pou envite antreprenè lokal ak nan diaspora pou vin envesti nan konstriksyon vilaj touristik kote yap jwenn bon jan ankourjman, garanti, ankadremen ak kolaborasyon nan men gouvelman lokak ake nasyonal.

Lide ti biznis: Sant fomasyon Ayisyen pou Ayiti nan kad antreprenarya sosyal ake lang etranje.

Etidyan nou yo dwe deja posede yon biznis osinon yo se inivèsitè ki gen lide potansyèl pou kreye biznis nan kad yon patenarya piblik prive kote leta lokal la responsab kreyasyon enfrastrik ak yon sistèm enèjetik pou lwe ak antreprenè ki pran fomasyon pratik ke nou ka wè nan denye chapit la ki rele: Projeksyon pou kreye ti biznis fòmèl, pou kreye richès ak djòb.

Pou koumanse, men yon seri lide pou kreyasyon ti biznis prive nou swete ankouraje kreyasyon de yon rezo de 140 antreprenè nan chak kategori a rezon de youn pa komin epi envite tout rès popilasyon Ayisyen an nan diaspora pou patisipe nan bèl program sila a patriyotikman, nan:

- *Pwodiksyon de 50,000 ze pa jou e pa komin.*

- *Restoran pou touris lokal ake entènasyonal nan chak komin.*

- *Bakery | boulanje ki pa sèvi ak bwa dife nan tout peyi a*

- *Dry Cleaning san bwa dife nan nivo nasyonal*

- *Konstriksyon yon vilaj touristik ak plisyè vilaj lokal pa komin.*

- *Yon konpayi transpò ki konekte tout vilaj yo youn ake lòt lokalman ake nasyonalman.*

- *Kilti Aquaponics nan tout peyi a.*

- *Prodiksyon ak distribisyon gaz propa'n nan chak komin.*

- *Prodiksyon enèji renouvlab nan chak komin*

- *Telemedsin: klinik, laboratwa, fonmasi, edikasyon sanitè nan tout peyi a.*

- *Kreyasyon 10,000 nouvo antreprenè an Ayiti a rezon de mil pa depatman si posib ak yon seri de: ABC CENTER (Agriculture Business Center.)*

3- Jovenel Moise: yon antreprenè sosyal

Eske Jovenel se yon antreprenè osinon, yon antreprenè sosyal?

Anvan nou reponn kesyon sila a, nou pral eseye defini pou ou ki sa yon antreprenè ye epi tou ki sa yon antreprenè sosyal ye.

Yon antrepre selon sa nou jwenn sou google, se yon moun osinon yon fi oubyen yon gason komèsan ki oganize osinon devlopè yon biznis kote ke moun nan pran gro inisyativ oubyen gro risk. ([https://docs.google.com/document/d/1M1cfm zkiCq6jaJUWYMsXhg9WJSQRP5HudC40xHy Xops/edit](https://docs.google.com/document/d/1M1cfmzkiCq6jaJUWYMsXhg9WJSQRP5HudC40xHyXops/edit))

Yon lòt kote, selon wikipedia: "yon antreprenè sosyal, se yon moun ki wè problèm nan sosyete a epi ki mete moun ake resous ansanm pou rezoud problèm yo." ([https://en.wikipedia.org/wiki/Social_entrepren eurship](https://en.wikipedia.org/wiki/Social_entrepreneurship))

Nou pral eseye reponn kesyon sou Jovenel la nan denye paragraf chapit sila a apre nou fini pataje ansanm ake w kèk egzanp pratik sou antreprenarya ak antreprenarya sosyal. Nap pran yon egzanp an Ayiti ake Jean Coutard epi yon yon lot egzanp aletraje ake Muhammad Yunus.

Opwendvi ti komès enfomèl, Ayiti gen yen ase antreprenè pou 100% Ayisyen ki gen laj pou yo travay oswa pou jwenn yon ti degaje. Men elas, lè w tande bèf, ale wè kòn pi fò. Paske, ekonomi peyi Etazini ap mache byen sou do anviwon 27 milyon ti biznis ke senp sitwayen Ameriken kreye epi ki bay preske tout djòb ki disponib nan peyi a: ["https://www.google.com/?ion=1&espv=2#q=how+many+small+businesses+are+in+the+us"](https://www.google.com/?ion=1&espv=2#q=how+many+small+businesses+are+in+the+us) Poutan, modèl ti biznis nou gen Ayiti a pa bon pou Ayiti. Pou konprann sa map di la, ou sèlman bezwen desann nan mache Kwabosal pou wè valè moun ki anba solèy la ka degaje yo nan salte ak nan mizè. Toutfwa, nou pa bezwen ale lòtbòdlo pou nou kopye lot modèl pou ranplase sa ki la a. Paske, la nan Senlwi Dinò, nou gen yon bèl egzanp tibiznis ak yon antreprenè Ayisyen ki rele Jean Coutard ki kreye yon antrepriz prive kel rele Coutard

Motors pou bay tèt ay ake lòt moun travay nan domèn kreyasyon otobis: "https://www.youtube.com/watch?v=VQeBRc G0i5l" Nan premye modèl ti biznis enfòmèl ki pouse tankou djondjon nan tout vil nou yo, antreprenè yo pa peye taks dirèk pou ede peyi a mache epi li tchenbe peyi sal ak sire tankou pen'y tidan. Anfen, nan dezyem kategori ti biznis tankou Coutard Motors, ti biznis la dwe peye taks dirèk epi tout anplwaye yo dwe peye taks tou pou Leta ka jwenn mwayen pou li fonksyone. Fòk nou ajoute tou, pou yon ti biznis mache byen li dwe gen aksè a kredi la bank epi enfrastrikti ak enèji plis teknoloji pou yo ka prodwi anpil ak fè gro benefis pou pataje ake tout aksyonè yo peryodikman. Oke zanmanm, pran ti chèz ba w, fè yon ti chita pou nou prezante w yon dezyèm kategori ti biznis ki rele: antrepriz sosyal epi tou ki enpak pozitif li ka gen yen sou Ayiti?

Li poko vreman gen yen yon definisyon arete sou antrepriz sosyal; men selon wikipedia: "Yon antrepriz sosyal se yon òganizasyon ki aplike estrateji komèsyal yo pou maksimize amelyorasyon nan moun ak anviwònman an ake byennèt tout mout; sa ka gen ladan maksimize enpak sosyal ansanm ak pwofi pou aksyonè ekstèn. Antrepriz Sosyal ka estriktire kòm yon biznis pou fè pwofi oswa ki pa pou pwofi, (epi yo ka pran fòm depandamman nan ki peyi antite yo ye osinon selon egzistans fòm legal ki disponib.) Nan òganizasyon mityèl yo pa egzanp, yon biznis sosyal, yon sosyete benefis, yon konpayi enterè kominotè oswa yon òganizasyon charite. Yo kapab tou pran estrikti plis konvansyonèl yo. Sa ki fè fòs antrepriz sosyal yo se ke, se misyon sosyal yo ki sèvi kòm nwayo nan siksè yo menm jan ak nenpòt ki pwofi potansyèl.

Anpil antrepriz komèsyal ta konsidere tèt yo kòm òganizasyon ki gen objektif sosyal, men se objektif, motivasyon, pèsepsyon ak angajman yo ki ap finalman fè antrepriz la finansyèman gen anpil valè. Sa yo se òganizasyon ki ta ka plis di ke yo opere ak anpil responsablite èstriktirèl. Antrepriz Sosyal diferan nan angajman yo ak nan enpak yo ki se pwen santral nan misyon biznis la. Gen kèk pa kote yo ofri nenpòt ki benefis a envestisè yo, eksepte ke yo kwè ke fè sa pral finalman akselere kapasite yo pou reyalize objektif sosyal ak anviwònmantal yo ak anpil lajan ak gwo varyasyon nan fòm ak aktivite.

Tèm lan gen yon eritaj melanje ak konteste, akòz rasin filantwopik nan Etazini, ak tout rasin koperativ nan Wayòm Ini, Inyon Ewopeyen an ak Azi. Nan peyi Etazini an, Se yon tèm ki asosye ak 'fè charite pa fè komès', olye ke 'fè charite pandan y ap fè komès'. Nan lòt peyi, gen yon anfaz pi fò sou òganize kominotè ak demokratik, kontwòl nan kapital ak prensip mityèl, olye ke filantropik. [2] Nan dènye ane yo, te gen yon ogmantasyon nan konsèp la nan biznis ak objektif sosyal ki pouswiv responsablite sosyal dirèkteman, oswa ranmase lajan pou pwojè charitab. https://en.wikipedia.org/wiki/Social_enterprise

Koulye a nou kwè ke ou byen ame pou nou pataje istwa Mohammad Yunus la ake w, pou ou ka byen sezi pou ki sa ke Jovenle Moise se yon gro antreprenè sosyal; epi, an menm li se yon modèl pou tout Ayisyen ki vle yon lavi miyò ake koken chenn mouvman sosyo-ekonomik sila a ki pral devlope Ayiti ake yon vitès popilè san parèy anvan ti madanm bat je'l.

Misye Mohammad Yunus kreyatè "grameen bank / bank pou pòv yo" se yon potorik gason kanson ke yon pran kòm egzanp nan tout gran inivèsite nan mond lan le yo ap pale de antreprenarya sosyal. Si nou pa kite chans nou pase an Ayiti, fwa sila a si nou si nou pran angajman patisipe nan gro mouvman sosyo-ekonomik sa a ke Jovenel Moise koumanse nan Trou Dinò, yon jou tankou jodi a, Ayiti ap tounen yon vre modèl devlopman pou tout pèp kap kroupi nan lanmizè tankou jan peyi Bangladesh se yon bèl modèl nan mikro finans jodi a.

Mezanmi, pran ti chèz ba nou epi chita pou'n koute: nan ane 1976 Mohammad Yunus profesè inivète ak chèf bankè te poze yon kesyon byen senp: pou ki sa malere yo pa ale labank? Repons a kesyon sila a te byen fasil: la bank pa ka prete malere lajan paske yo pap ka peye bak / yo pap ka remet lajan yo prete a. Men, sa pat anpeche profesè a, pou li pran boton pèlerinaj li epi ale nan yon ti zòn andeyò, nan vilaj Bangla kote li te lanse premye operasyon bank pou pòv yo osinon grameen bank kote ti kredi pou pòv yo te eksploze byen vit ak yon gro siksè kote 97% nan manm yo te peye bak. Fò nou ajoute tou ke sa se yon koken chenn siksè ke okenn bank tradisyonèl poko janm reyalize osinon, pap janm reyalize. Poutan jodijòdila, li gen yen grameen bank America kote ke mouvman sila a, mouvman pòv yo telman gen anpil lajan pou prete moun, yo koumanse prete medam meriken yo lajan depi anviwon 4 lane konsa espesyalman nan Eta Nouyòk. Kidonk, mouvman sosyo-ekonomik Misye Yunus la osinon grameen bank devlope peyi li epi jodi a lap ede rès mond la. Pou fini, nap di ke se tout malere nan peyi Bangladesh ki te pote kole pou yo te ka soti nan mizè ansanm epi fè de

Mohammad Yunus youn nan pi gro antreprenè sosyal ke lemond janmè konnen. Paske grameen bank pa sèlman fè anpil lajan, men li chanje tout sosyete a pozitivman. Finalman, nap envite ou founi je gade Jovenel Moise an Ayiti epi tou pote kole ake li kòm youn nan pi gro antreprenè sosyal ke Ayiti konnen pou nou tout ka viv alèz.

Pou rive reyalize rèv li ki se rive devlope Ayiti Cheri ke li renmen anpil anpil, Jovenel Moise kreye yon biznis nan tèt ansanm ake kominote Trou Dinò a.

Aprè ke premye lidè an nou yo tankou Anri Kritòf te bannou endepandans politik sa fè deja plis pase 200 lane. Pou la premye fwa, ake Jovenel, nou nan prosesis pou nou pran endepandans ekonomik an nou nan kreye ti biznis fòmèl, obeyi la lwa ak renmen Ayiti an kominyon ak diaspora a epi kominote entènasyonal la. Kote yon pye bwa leve se la li pouse rasin. Se sa ki fè ke Jovenel tounen nan kanton kote ke li te pouse rasin nan pou li reyalize rèv li apre li te fini pran moso pen lenstriksyon nan Inivèsite Kiskeya. Konsa li te pase plis pase 10 lane ap chache mwayen pou lanse Agritrans, yon biznis jodi a ki bay travay ake plis pase 3 milye peyizan nan Trou Dinò. Non sèlman ke moun yo jwenn yon gro debouche, men an menm tan tou yo se ko-propriyetè de biznis sila a jodi a ki vo anpil milyon dola vèt Kote ke anviwon 20% de profi yo ap tounen pou jide kominote a devlope ansanm san fòs kote. Non sèlman ke Jovenel Moise fè prèv li kòm yon vrè antreprenè sosyal, li an menm tan prove ke li se yon gro lidè nan nivo sosyal ak ekonomik. Paske, jodi a li pa a la tèt konpayi Agritrans, li se kandida pou pòs prezidan pou devlope tout peyi a. Men, tout bagay toujou ap mache kòm sa dwa. Kidonk, moun li tap ede yo pa bezwe li ankò pou yo kontinye nan lavi a. Yon vre lidè transfòme moun li chwazi ede yo an moun ki pa bezwen èd li pou tout rès lavi yo. Ake Jojo Moise, jan mwen menm Bertonny Paul yon konbitològ Ayisyen renmen rele li, politik se vrèman yon syans konpromi ki mande pou rann posib tout bagay ki nesesè pou chanje lavi yon pèp. Eske w panse ke etidyan Ayisyen, tout politisyen Ayisyen pa ta dwe: etidye Jovenel Moise anvan yo panse fè politik?

An giz de konklizyon, nap konfime ke Jovenel Moise se yon antreprenè sosyal. Paske li kreye yon antrepriz ki non sèlman ap ede kreye travay nan peyi Dayi. Men an menm tan lap ede kominote a grandi ekonomikman ake sosyalman nan retounen yon pati de profi konpayi fè bay kominote a. Men, youn nan pi gro obsevasyon nou fè, se ke nou dwe aksepte aprann pou nou ka fè siksè nan vi antreprenaryal an nou tankou Jojo Moise: se pou nou trè fleksib epi prepare nou pou adapte nou, ake tout chanjman sosyal ki ap vini. Pou fini nap di byen wo ak bye fò ke menm ake Michel Martelly, Jovenel se yon gro lidè

4- Vizyon Patriyotiko-sosyo-ekonomik Nèg Bannann Nan

Pou tout obsevatè byen avize, vizyon Jovenel se rive patisipe nan kreyasyon yon nouvèl sosyete Ayisyen ki sosyalman solidè, ekonomikman endepandan ake politikman estab.

Pou rive reyalize rèv sila ansanm, nou pral abilite jèn yo ak timoun yo, pou pran lidèchip sou pwoblèm sosyal. Nou chwazi aplike yon filozofi Ayisyen ki rele Wolove (Travay Obeyi Renmen) ke yon gro filozòf Ayisyen ki rele Bertony Paul kreye Ozetazini nan Howard Community College kote li deja bay anpil konferans pou etidyan ameriken nan menm kolèj sila a. Men, li pito rele tèt li: yon Konbitològ Ayisyen. Paske se sou sistèm de vi osinon filozofi konbit la ke li ap reflechi nan lavi li depi anpil lane. Kidonk, menm jan li konsakre"m kòm yon antreprenè sosyal ke tout Ayisyen ta dwe etidye, mwen panse ke nou ta dwe ede entrodwi filosofi li a, nan sistèm edikatif Ayisyen an. Fò nou di tou an pasan ke Jacquelin Belizaire nan yon interview avèk Misye Paul nan radio Vwad Lamerik te prezante filozofi wolove la kosa nan emisyon pou timoun Ayisyen yo: Yon

Resèt tou nèf pou reyisi nan lavi a:
http://www.voanouvel.com/a/2523490.html

Koulye a, an nou founi je gade sou fason ke
Paul ap prezante nou patisipasyon pal nan
rebatisman peyi a.
Pi souvan peyizan ayisyen yo osinon pifò
kiltivatè nou yo travay la tè slèlman lè gen lapli
appre sa tè a rete atè pou lòt ane. Epi tou
peyizan nou yo travay di pou anyen, yo kite
andeyò a pou ale lavil nan bidonvil, paske la
tè pa bay ankò. Men nan peyi kote moun
travay di bon tout bon, tè pa gaspiye epi tou,
yo bay tèt yo mwayen pou fè tè a prodwi plis
pase sa moun peyi a bezwen pou yo manje e,
se sa ki fè ekspòtasyon possib jan nou
koumanse we sa ake Agritrans S.A epi
Jovenel Moise kandida pou pos prezidan
anba banyè PHTK. Pa egzanp, nou sonje sa
ki te pase nan yon ti kote andeyò nan peyi la

France ki rele montagneux kay yon peyizan franse ki tap viv sou yon karo tè. Enben mezanmi, peyizan sila a te travay 15 zèd tan pa jou sou karo tè li a. Li pa kite tè a poze, li te travay tout tan, lè gen nèj oswa gro solèy li travay andedan yon kay espesyal ke yo rele sè (serre); pou sekle ak pou prepare tè a li itilize yon ti machin kote ke li chanje pèl la pou chak travay diferan ke lap fè. Fò nou di tou ke li te jwenn lajan prete la bank pou achte materyè ki enpòtan pou travay tè sila a ki pèmèt li pran swen fanmi li kòrèkteman.

Nou konnen ke nou pa gen kredi agrikòl an Ayiti pou peyizan osinon pou pòv malere nou yo tou senpleman. Men tout fwa sa pa dwe fè nou dezespere paske nou ka gen tout sa nou vle si nou chita ak otorite nou yo pou edike tèt nou, poze probèm yo epi chèche solisyon pou yo nan kreye ti biznis fòmèl ake longtèm djòb pou tout moun ki gen laj pou yo travay. Sa pa vle di tou pou nou chita ap tann, se pou nou koumanse òganize nou pou entrodwi nouvo teknik agrikòl ak zouti agrkòl modèn epi tou ti kredi pou tout kalite ti antrepriz ke nou dwe kreye nan tèt ansanm ak otorite nou yo e lòt zanmi etranje. Frè peyizan franse sila a se yon agronòm ki te pase yon tan ap travay ake peyizan nan zòn Vyekay ak kominote sen Dominik nan depatman latibonit ake Pè Frantz Grandoit.

Nan ti kout je nou te fè sou lavi peyizan franse sila a nou ka tire 3 gro leson: premyeman, li se yon peyizan agronòm sa vle di ke li se yon moun save. Men sa pa vle di ke nou tout dwe agronòm pou kiltive la tè paske tout kiltivatè yo pa agronòm men yo renmen la tè e yo viv de la tè. Mwen te sèlman vle di ke li se yon moun ki edike epi tou ki pa parese. Dezyèmman, li jwenn kredi pou achte tout materyèl ki nesesè pou li travay tè li a, epi tou twazyèmman pou fini li konnen tout teknik pou fè tè a rann ba li tout sa ki nan nannan li, ajoute sou sa menm, se nan yon tèt mòn mouche a ap viv, li te gen dlo tiyo 24 sou 24 pou larozaj ak yon pakèt koubèlann ki fèt espesyalman pou sa. Kidonk, jodi jòdi la nou ka di, chimen nou dwe swiv pou rive chanje la vi nou an li ka long; men, mande chimen pa janm pèdi, kidonk se pou nou òganize nou san pèdi tan pou koumanse mennen dlo nan tout tèt mòn peyi Dayiti Tonma. paske se mete men nan pat la, se mete tèt ansanm pou sove Ayiti.

Yon jou tankou jodi a, youn nan profesè ifriendnet.org yo (Lenji Jacob) tap fè you kou angle pou yon group etidyan ayisyen kap viv Sendomeng sou Skype, sou entènèt, li te poze etidyan yo kesyon kesyon sila a: "ki sa pou moun pòv yo fè pou chanje lavi yo? E, yo tout te reponn: "se pou nou priye Bondye osinon tann moun rich yo fè nou kado kichòy."Enben, profesè a te reponn yo konsa: menm jan nou reyini la pou nou lapriyè osinon aprann anglè a, nou kapab mete tèt ansanm pou change lavi nou tou. Kidonk, moun rich yo, yo mete tèt ansanm anba yon bon jan sipò entelektyèl pou vini rich, yo pa chita tann. Yon lòt kote, mwen ka di nou, se LenJi toujou kap pale, si ou pran yon sèl baton, nenpòt nan nou ka kasel, men si nou mete 40 baton ansanm okenn nan nou pa ka kasel. Semenm jan tou si nou tout mete ansanm pou pratike filozofi WOL💜VE la an patenarya ake Jovenel Moise PHTK epi Agritrans S.A. okenn vèditè sou la tè beni pa ka anpeche nou vini rich epitou rete rich.

Pi douvan, profesè a te rakonte etidyan yo, yon lòt listwa: te gen yon manman ki genyen 5 pitit, li bay yo chak 500 dola epi, li di yo: ale fè yon mwa deyò, fè sa nou vle ake lajan an, epi

apre sa se pou nou tounen vin banm rapò.
Jan nou tande a, apre yon mwa jou pou jou,
yo tout te retounen. Premye a di: mwen te
achte rad ak manje epi tou pran ti plezi ak tout
lajan pam nan, mewn pa gen lajan ki rete.
Dezyèm nan di: mwen te mete lajan pam nan
labank mwen pat depanse li, li toujou la,
sèlman bank la pran 5 dola pou kenbe li te
kenbe kòb la pou mwen an. Twazyèm lan di,
mwen te achte yon ti komès apre mwen fini
vann mwen fè 500 dola benefis. Katriyèm nan
di: mwen te mete tèt ansanm ak 3 lòt moun
kote nou envisti ansanm e mwen fè 2000 dola
benefis. Senkyèm nan osinon dènye a di:
mwen menm, mwen te fè kòb pam nan fè 20
pati epi envesti nan 20 ti bisnis fòmèl ki gen
yo chak 5 moun e mwen te fe 5000 dola pou
mwa a. Nou swete ou kontinye reflechi sou ti
koze sila a pou fè plis limyè nan konba pou
chanje lavi a, pandan nou ape kontinye gade

kijan ti biznis ka ede nou chanje lavi nou tout ansanm..

Nan yon peyi tankou Etazini pifò jòb ki ekziste yo soti nan anviwon 27 milyon ti biznis. Kidonk se yon bon modèl reyisit ekonomik pou tout moun ki vle yon lavi miyò. Pou ou reyisi ekonomikman jodi a ou pa bezwen envante la lin; men ou sèlman bezwen repete lòt eksperyans ki deja reyisi tankou eksperyans grameen bank (bank pou pòv yo) nan peyi Bengladèch ki te koumanse envesti kèlke dola nan ane 1976 enben jodi a, bank sila a koumanse prete moun nan lakou Nouyòk nan peyi Etazini lajan depi plis pase 2 lane (www.grameen-info.org).

Anfen, nap di Bondye mesi pou tèt li voye Jovenel Moise PHTK ak Agritrans S.A pou akonpanye nou nan demach pou valorize tè a, dlo a ake moun yo, pou nou tout ka rive jwenn travay epi mete manje nan asyet nou ake lajan nan pòch an nou pou pran swen fanmi nou. Kidonk se pou nou mete tèt an nou ansanm pou nou fonde yon Club Wolove nan chak katye ake sipò/kolaborasyon Jovenel Moise PHTK kote nap kreye anpil ti biznis ak bank pa nou kote nap sere pou nou ka chofe. Nap sere, nap prete, nap peye a lè, nap envesti nan ti biznis nou yo pandan nap aplike korèkteman desizyon sila yo:

4.1- Disiplin

Se pou nou gen disiplin, se pou nou mete tèt ansanm, se pou nou gen kouraj pou nou travay di lajounen tankou lanwit pandan 12 a 16 zèd tan sou tout chimen lavi a.

Youn nan definsyon disiplin se: pini yon moun pou yon rezon moral. Youn nan lòt sans ke disiplin ka pran ankò se eksplike ak devlope nan fè ekzèsis pou rive kontrole tèt ou pou kont ou. Men nou menm, se dezyèm sans la ki enterese nou; kidonk lè nou ape pale de disiplin, nou sèlman pran li nan sans yon moul sosyal ki pou kondwi eskelèt sosyete a, ake yon sistèm de panse solidè, e prodiktivman palan ki ka fè limyè la konsyans plis la konesans leve ak klere tout yon sosyete kap vanse men nan men; kidonk nou dwe panse ansanm pou kreye yon panse de rèv sosyalman ayisyen epi tou ki siperyè a tout panse endividyèl e pèsonèl ki pa rasyonèlman korèk pou yon kominote eklere ki vle devlope. Se pou nou panse nan tèt kole ak respè pou kreye nouvèl ide ki ka fè nou reve je klè, epi wè ansanm tout bèl mèvèy ki posib kolektivman. Jodi a se pou nou bay tèt nou yon disiplin de panse ki fè nou sèmante 77 fwa 7 fwa pou nou di tankou Jovenel Moise; vyèy timenn nou, pou bienèt sosyete ayisyen an, nou pap poze okenn aksyon ki pa ale nan sans enterèt tout nasyon an. Se vre nou panse tout bagay nou pral fè nan lavi a anvan nou fè yo; anvan'n ale manje nou panse ke nou prale manje, anvan nou ale travay nou panse ke nou prale travay enben mezanmi nou wè klè kon dlo kòk ke panse nou se gid nou li ye. Koulye a se pou nou panse byen se pou nou òganize panse nou yo byen òganize, men pou nou fè sa nou bezwen yon edikasyon ki solid. Pi bon fason ki genyen pou ou edike tèt ou se fè pati yon bon sosyete kote ki genyen yon plan edikasyon nasyonal pou tout manm sosyete a pou devlopman endividyèl chak moun. Sa vle di ke tout kote ke nou gen chans reyini ansanm, se pou nou kontinye antrene lespri nou ansanm pou yon prodiksyon entelektyèl ak kiltirèl de trè bon kalite pou devlope tèt nou osinon peyi nou. Men se ki jan nou konprann koze devlopman an menm?

Menm jan ak tout kretyen vivan, mo yo evolye tou, an men tan yo dezabiye nou nan chak aksyon nap poze kòm prodwi sosyal. Nan kad konstriksyon peyi Dayiti Jodi a, mo devlopman nan tout sòs e tout moun se de li ke yo ape pale. Pou pou nou fè konesans osinon pran nesans ake mo devlopman an, nan peyi Dayiti jan li ye Jodi jòdi la, nou bay tèt an nou le dwa pou nou pa ale chèche okenn definisyon ki chita, oswa kap domi sou okenn pachemen vyèj. Kidonk, nou nan yon moman kote ke nou ta di konsa ke mo devlopman nan sosyete ayisyen an jodi a ta vle di: devlope tout bagay nèt al kole, fè tout bagay prodwi plis pase sa yo konnen prodwi pou nou ka aprann pataje tou. Pa egzanp, si nou deside plante patat pou nou bay pèp ayisyen manje sèlman, sa se poko yon bon rèv paske nou gen devwa pou nou jwenn dekwa pou nou manje pou tèt nou, epi tou li enpòtan ak nesesè pou nou aprann itilize teknik ak mwayen modèn pou nou travay tè nou yo chak jou pi plis pi byen pou nou ka prodwi diplis osinon ekstra pou nou pataje osinon vann ake lòt peyi etranje. Sa se te yon ti ekzanp, men se nan tout kalite domèn pou nou ogmante ak miltipliye kapasite de prodiksyon byen materiel, kiltirèl ak teknolojik e nou dwe fè sa 24 sou 24. La gè avèti pa touye kokobe, bri kouri nouvèl gaye, kalewès la fini sak pa dakò anbake. Paske nou tout dwe mete men nan pat la, si se vre nou vle Ayiti devlope tout bon vre. Se pou nou tout Ayisyen an Ayiti ake nan diaspora a pote kole ake Jovenel Moise PHTK pou miltipliye gro projè sosyo-ekonomik tankou Agritrans S.A nan tout kwen peyi Dayiti, e sesi nan tout kalite domèn paske se pa sèlman bannann pou nou prodwi, nou dwe prodwi sèvis tou ak objektif pou Ayisyen bay tout Ayiti travay.

4,2- Prosperite

Se pou nou mennen biennèt ak prosperite nan fanmi nou.

Lè anpil moun ap travay osinon lè anpil moun gen jòb nan yon sosyete, nou di ke se yon sosyete ki prospè, se yon kote ke labondans ap jayi. Nan peyi tankou Ayiti kote ki genyen pi plis chomeko pase moun ki ape travay; nou ka pale de yon sosyete mizèrere kote pa gen lapè nan tèt pa gen lapè vant paske pa gen jòb, e li pap janm gen djòb kote tout moun chita ap tann jòb. Paske djòb pa soti nan syèl, se lezòm ki kreyatè djòb sou latè nan mete tèt ansanm pou donte la nati tankou jan sa koumanse fèt nan Trou Dinò ake Jojo Moise.

Pou nou koumase rive nan prosperite an Ayiti, fòk tout koukou klere pou lòt yo. Si chak grenn ayisyen ap kontinye naje pou li soti pou kont li, jan Preval te panse'l lè li te Prezidan: "naje pou w soti: nan lavalas dlo lanmizè, kwèm si nou vle: kafe nou tout koule ak ma, nou pap janm rive okenn kote. Paske si nou pa mete tèt ansanm tankou tout pèp eklere pou nou naje ansanm ake Jojo Moise PHTK nou pap janm soti nan zafè pabon e nou tout ap peri ansanm. Paske move lavi, akòz zafe kabrit pa mele mouton an, ap fenk kare make pa sou plas. Ki jan pou nou mennen plis djòb, plis travay osinon plis prosperite an Ayiti?

Youn nan premye bagay ki posib se ta konvèti oswa transfòme tout ti biznis enfòmèl ki ap fèt nan salte yo an nouvo ti biznis fòmèl pròp tankou Agritrans S.A; kote tout nouvo antreprenè/envestisè nou yo ta dwe gen aksè ake ti kredi, plis bon jan akonpanyeman pou yo fonksyone kòm sa dwa, epi mennen prosperite nan peyi Dayiti. Nan non pèp ayisyen an, nou panse tou ke li ta bon pou gouvèlman an prete lajan pou kreye lak atifisyèl epi tou mennen dlo tiyo nan tout tèt mòn yo, ede peyizan yo dwe kreye anpil ti antrepriz de prodiksyon nan tout kalite domèn ki ka rapòte lajan pou mennen plis abondans nan peyi Ayiti. Nou dwe òganize an kominote denterè pou prodwi byen de konsomasyon pou nou vann an Ayiti ak lòtbò dlo.

Mezanmi, li pa posib nan lè rendin sa a, pou jenn fi ak jenn gason nou yo apre yo fini pase silabè, yo panse ke yo trò konn li, yo pa ka kontinye rimen la tè, a la de komokyèl papa; Si Moris Siksto tap tande li ta di: bali boulva! Men tou, nou panse ke sitirans la pral koupe; paske ansanm nou prale aprann ke li pa gen vye metye, se pito moun sòt ki genyen. Jojo Moise se yon egzanp vivan pou nou ka konprann tout sa ke nou soti di la yo. Kidonk, si moun Gromòn Gonnayib, si popilasyon Batis, savanèt, Beladè, Tòtòy elatriye pa chèche envesti nan tèt ansanm pou prodwi plis kafe epi transfòme kafe a, an yon prodwi fini byen prepare pou konsomasyon lokal ak entènasyonal, se nan djakout envestisè lòt peyi na wè benefis prodiksyon nasyonal la ap *pase. Kidonk, nou dwe fè progrè, nou pa dwe kontinye ap vann san nou pou anyen lòtbò fronkè. An nou fè yon kitanago pou byennèt peyi nou.*

Se pou nou tout gen travay, se pou tout moun manje byen, se pou nou tou kontan pou Ayiti ka gen lapè nan tèt ak lapè nan vant pou yon satilfaksyon total kapital kote ke kò ak lespri ap rete an amoni pou tout moun ka viv alèz san chimè e san lapenn.

4.3- Fè gro rèv

Nou pa dwe viv nan mal site se pou nou fè gro rèv epi travay di pou reyalize rèv nou yo tankou Jovenel Moise PHTK.

Malsite pa konn bon ras. Noumenm ayisyen nou se klas moun ki fè listwa, nou se yon klas sitwayen nan mond lan ki fè anpil mèvèy. Poutan, nou toujou ap trimen, nou toujou ap pote bòl ble nou lakay bèlmè. Si nou vle soti nan malsite se pou nou viv an verite. La verite se limyè ki klere chimen nou nan plen midi anvan katrè. Se la verite, nou vle di se la konesans ki a la baz tout gro devlopman sosyo-ekonomik Nan tout peyi avanse yo. Kidonk, peyi ki an reta osinon ki dèyè yo tankou peyi Dayiti dwe fè yon chwa, oubyen yo chwazi klete laboratwa kap prodwi la mizè a epi jete kle a nan lanmè; oswa yo ka chwazi pou louvri anpil sant de rechèch pou kreye la richès.

Nan tout sosyete serye yo bay anpil enpòtans ak la konesans. Se konsa, yo kreye anpil sant de rechèch osinon laboratwa pou envante nouvèl ide ak pou chèche solisyon pou tout kalite problèm ke sosyete a ap kofronte epi tou pare pou rezoud problèm tou nèf ki ka vini nan lavni. Kidonk, pou nou soti nan malsite ak pou nou prepare yon demen miyò nou dwe koumanse travay a pati de idantifikasyon problèm nou yo pandan nap kreye yon seri laboratwa de rechèch avèk bon jan relasyon de kolaborasyon ant sektè piblik la, sektè prive a ak rès sosyete sivil la. Men yon ti ekzanp ki ka ede nou konprann ki sa ki posib oubyen ki jan travay ansanm ka ede nou soti nan malsite epi mennen progrè pou nou tout ansanm. Mwen sonje, nan koumansman ane 2000 yo mwen te travay pou PDI (Projè Devlopman Integre) sou direksyon pè Frantz Gradroit. Nan Dofine senkyèm seksyon komin

Vèrèt, youn nan zòn entèvansyon projè a, mwen te gen chans pou travay ak 2 group peyizan (anwo ak anba Dofine) ki tap viv tankou chyen ak chat. Sa vle di ke yo pate twò renmen youn lòt, te toujou genyen anpil konfli nan mitan 2 group moun yo nan zòn nan. Mwen te kontan sèvi kòm negosyatè nan mitan 2 group yo. Se konsa yo te rive mete tèt yo ansanm, travay ansanm pou kapte yon dlo pou fè la rozaj nan yon tèt mòn pou prodwi plis manje. Yon lòt kote, mwen te fè youn nan pi bèl eksperyans mwen nan zòn sila a nan 5 lane ke mwen te pase ap travay an Ayiti soti 1997 rive 2002. Se konsa mwente ede 2 group yo mete ansanm fè konbit pou kreye 15 ti forè pou aprann plante pye bwa ak 15 basen pwason pou yo ka jwenn protein. Mwen swete ke moun Dofine yo toujou ap kontinye fè progrè ansanm pou chanje lavi yo ak peyi yo.

Nan tout vil, nan tout bouk ou pase se menm mesaj la: 50 15 10. Pou sa ki pa konprann, sa se pri premye dezyèm ak twazyèm lo bòlèt lè ou jwe pou yon pyas. Pifò moun ki jwe bòlèt, yo jwe paske yo fè yon rèv. Dòmi leve pa konn bon ras. Sa se pawòl batayè kòk yo, lè yo bat genyen, paske anpil moun bat kòk yo sou rèv ke yo fè. Nan tou le 2 ka nou soti wè la yo, nou kwè se rèv moun yo fè lè yo nan dòmi. Men noumenm, nou vle Ayisyen yo fè gro rèv je klè nan lavi a. Paske nap pale de rèv pou yon peyi, e peyi Dayiti pa ka dòmi, ni li pa gen dwa dòmi menmsi pifò ayisyen yo toujou an pidjama pèpè. Kidonk, nou ap pale de yon rèv kote ke je nou tout klè, kote ke nou tout ape reve ansanm ki jan nou ta renmen Ayiti vini sosyalman ak ekonomikman nan 20 tan, nan 30 tan, nan 50 tan; epi edike tèt nou pou nou jwenn mwayen pou reyalize rèv nou yo. Mwen sonje bò zòn 70-80 yo, vil

Pòtoprens pat konn dòmi menmsi mwen pa sonje sa yo te konn fè. Toutfwa, nouvo Ayiti ke nou ape envante ansanm chak jou ansanm nan. Nou swete genyen yon Ayiti ki pap janm dòmi kote tout ayisyen ap bouje oswa travay tout tan 24/24 pou rèv nou yo ka tounen reyalite tankou Agritrans S.A ki se reyalizasyon rèv Jovenel ki tounen yon reyalite jodi a epi tou yon kokenn chenn lespwa pou peyi Dayiti. Nou pe fè tout sa nou vle si nou sispann dòmi tout tan. Paske, diferans ki gen yen ant moun sòt yo konpare ake moun entelijan, sè ke: moun entelijan yo pa dòmi anpil.

4.4- Jaden lakou

Nan lakou lakay nou, nou dwe plante fwi ak legim sitou bannann ake morenga pou nou manje chak jou Bondye mete epi vann rès la.

Baton ou genyen se avèl ou pouse chen. Se pa yon sekrè pou pèsonn, tout peyizan ayisyen yo viv nan yon espas ke nou rele lakou, pi souvan ki toujou bare kote yo konstwi kay epi tou, yo toujou gen yon ti jaden la tou. Jodi a nou vini mande nou tout pou nou generalize pratik sila a, ki nan yon premye tan ap ede nou kwape grangou nan vant nou, e nan yon dezyèm tan ka ede nou genere osinon rantre yon ti la mama anplis nan pòch an nou. Nan chak seksyon kominal, nou dwe genyen yon espas de diskisyon sou devlopman ti jaden nou yo an kolaborasyon ak otorite yo, epi lidè lokal yo ake lòt zanmi etranje ki ka ede nou vanse nan rechèch pou devlope ti jaden nou yo yon fason pou nou pa janm gen okenn ratman nan prodiksyon fri ake legim nan okenn peryòd nan ane a. Anfen, nou tout dwe plante bannann nan jaden lakou nou yo pou make apatenans nou a mouvman nèg bannann nan Jovenel Moise PHTK ki vini pou libere Ayiti ake nou: ekonomikman ak sosyalman pandan nap kouvri tout peyi a ake gro biznis tankou Agritrans S.A anba leadership Jojo Moise PHTK nèg bannann nan.

4.5- Tè ak lapli

Pandan lapli ape tonbe se pou nou mete anpil grenn nan tè, tè pa dwe rete atè lè lapli pape tonbe se pou nou donte la nati, mennen dlo tout tan tout kote san nou pa gaspiye dlo. Paske dlo pa dlololo, dlo se richès menm jan ake lò ak djanman. Se pou nou tout aprann fè konpòs pou fètilize tè an nou yo.

Lè 2 anmoure pap viv nan menm zòn, souvan youn di lòt la: doudou an mwen map tann ou tankou yon tè chèch kap tann lapli. Pawòl sila a yo dekri byen ki jan nou travay latè an Ayiti, se sou kont le syèl nou fè jaden nou yo. Men mezanmi li pa ta dwe konsa; paske nou di ke Ayiti se yon peyi esansyèlman agrikòl, yon pawoli ki pa vreman valab nan tan nap viv

Jodi a. Kidonk, zafè chita tann lapli pou nou travay tè an nou yo, nou dwe koupe sa sèk. Paske teknik pou nou rouze tè nou yo tout tan tout kote a egziste deja, nou sèlman bezwen al aprann yo. Se vre problèm peyi Dayiti yo anpil. Men, nap ka rezoud yo epi mennen dlo nan tèt mòn nou yo si e sèlman si nou deside pase mwens tan nan vyolans ake manif, epi pase plis tan ap reflechi sou chèche solisyon pou problèm nou yo, nan tèt ansanm ak otorite nou yo nan tout kalite domèn. Se pou nou koupe fache ake tout moun, tout fo lidè ki ap pouse nou pou nal fè manifestasyon ak vyolans pou yo ka rich sou tèt nou. Nan ane 2012 la nou gaspiye anpil enèji, Ayiti te genyen apeprè 400 manifestasyon ak vyolans poutan pèp ayisyen an pa vyolan ditou. Tout move konpòtman sa yo ap sal imaj peyi a epi jete pichon ak madichon sou li. Kidonk nou dwe konnen ke chak lè yon ayisyen osinon yon group ayisyen fè sa ki pa sa se, tankou nou te pran yon revolvè epi tire Ayiti nan pye. Si nou vle pou Ayiti leve kanpe pou li mache sou chimen devlopman: se pou nou travay di, obeyi la lwa ak renmen peyi a ak tout sa ki ladann menm si nou tout pa gen menm opinyon se pou nou toujou soje deviz Ayiti ki se: linyon fè la fòs.

Latibonit o, yo voye rele'm o, lè mwen rive mwen wè sole malad, men ou toujou gen anpil dlo pou kriye pou Ayiti. Enben an nou fè yon kitanago pou nou mennen dlo na 4 kwen peyi Dayiti. Youn nan komès kap jenere anpil milya dola nan mond nap viv la jounen jodi a se dlo. Dlo se bagay ki pi enpòtan pou la nati, pou lavi nou osinon pou sante nou. La nati ak kò nou bezwen dlo pou yo viv. Nou dwe jwenn dlo tout kote, men nou pa dwe pran dlo pou gran mesi, nou pa dwe gaspiye dlo, se pou nou bay dlo anpil valè. Se pou nou plante anpil pye bwa pou lapli ka tonbe, pou nou jwenn dlo pou nou bwè, pou nou jwenn dlo pou nou benyen, pou nou jwenn dlo pou nou fè jaden ak pou fè peyi nou bèl. Kidonk se pou nou chanje relasyon nou ak dlo ki se gro richès menm jan ak lò ak djaman. Youn nan bagay nou ka fè se ta fè yon ekip teknisyen israelyen antre an Ayiti pou ede jere dlo pi byen epi vann rès la a letranje pandan yap ede nou fè latibonit rive rouze tout peyi epi vann osinon pataje rès dlo a ake rès karayib la. Paske latibonit se yon byen karayibeyen li ye tou an nou fè touris vini vizite li tou.

Tè a se manman nou, se pou nou renmen li, se pou nou nouri li. Nouriti tè a se dlo ake fimye osinon konpòs. Pliske nou renmen tè a, enben mezanmi se pou nou plante anpil pye bwa pou proteje tè a ak pou nou bali manje ki se fimye oswa konpòs. Menm jan nou kouvri kò nou avèk rad oswa dra pou nou proteje tèt *nou osinon pou nou santi nou alèz ak konfòtab. Nan menm sans sa a, tè a limenm li bezwen fèy bwa pou proteksyon epi tou pou anpeche lavalas pote nou ale ake tout tè a ale nan lanmè. Kiyè al kay gramyèl, gramèl al kay kiyè. Kidonk, tè a bannou manje, se pou nou bay tè a manje tou e, manje tè a se dlo, fèy bwa ake konpòs. Si nou itilize konpòs pou nou prodwi manje nap gen yon prodwi de premye kalite ak yon renome mondyal ki yo rele: prodwi biyolojik/natirèl tankou bannann Agritrans S.A yo. Si nou itilize angrè, se pap menm bagay paske prodwi chimik ap anvayi nou tout kote: nan manje ak nan dlo elatriye. Nou pap manke voye yon gro kout chapo pou gouvèlman peyi Dayiti ki te deklare ane 2013 la ane rebwazman. An menm tan tou nap swete ke yo anseye tout ayisyen to, sitou elèv lekòl ki jan pou yo fè osinon prepare konpòs.*

4.6- Proteksyon tè

yo Proteje tè nou yo, nou pa ta dwe boule tè an nou yo.

Tankou nan senkyèm seksyon komin Vèrèt, peyizan nan mòn kote ke mwen soti a, depi fen Fevriye kontinye mwad Mas, tout moun ap prepare tè mete atè pou tann sezon lapli ki souvan koumanse an Avril oswa Me. Preparasyon an genyen sekle tè ak boule tè. Fòk nou ajoute tou ke pafwa nan fen mwad Desanm koumanse Janvye toujou gen gro dife sou debò rivyè latibonit la, sitou sou mòn yo pandan plizyè jou; teledjòl toujou di ke se tafyatè ak batayè kòk ki mete dife nan pay chèch pou yo ka wè pou yo ale lakay yo lè pa gen lalin.

Lè ou boule yon tè, ou boule manje pou zwazo yo jwenn pou yo manje, ou boule kay zwazo yo, ou bloule branch bwa fèy bwa ak zèb ki ta dwe tounen fimye oswa manje pou tè a. Anplis, lè ou boule tè se yon zak envolotèman kriminèl ki akselere fenomèn erozyon an paske tè a vini toutouni e, kenpòt ti lapli ki tonbe, lavalas desann li charye nan lanmè tout sa ki sou rout li tankou: tè, jaden, moun, kay, bèt elatriye.

kidonk lè nap fè jaden nou yo se pou nou ranplase tout move tè ki pòv yo pa konpòs pou plis randman epi toujou kouvri dèyè plant nou yo ak yon pati nan zèb nou sekle nan jaden an yon fason pou fenomèn yo rele kondansasyon an ka toujou kenbe plant nou yo byen fre. Apre sa itilize rès zèb la plis fatra elatriye pou nou fè konpòs.

4.7- Kolaborasyon ak otorite nou yo

Nan tèt ansanm ak otorite lokal yo, nou dwe kreye ti forè kominotè osinon kominal ake jaden botanik tout kote ke li posib sitou nan tet sous yo.

Nou plante bwa, pye bwa fè lapli tonbe pou nou jwenn dlo, dlo se la vi. An nou swiv konsèy otorite nou yo, an nou plante pye bwa. Akòz pouvwa nou bay otorite leta nou yo, yo vini genyen yon otorite sou nou pou bienèt ak prosperite tout sosyete a; pa panse ke otorite yo diferan de nou e ke nou dwe tout tan ap goumen ak yo, otorite yo se manm sosyete a *yo ye menm jan ak nou. Men sèlman yo genyen yon reskonsablite ki pi gro ki se sèvi nou tout nan mennen peyi a sou chimen devlopman. Men, otorite pa ka egziste si pa gen respè youn pou lòt osinon si pa gen respè mityèl. Apre tout sa nou soti di la a, li vreman enpòtan pou nou respekte otorite nou yo, pou yo ka wont nou. Pou nou ka antann nou ake otorite nou yo se pou nou òganize nou, se pou nou fè asosiyasyon, se pou nou kreye djòb, se pou nou peye taks pou ede leta reyalize tout sa ki nesesè pou peyi a. Nou bezwen yon asosiyasyon ak yon ti biznis pou rezoud chak problèm ke nou ape konfrote. Pou ororite nou yo ka ede nou trouve solisyon pou probèm ki pafwa mande fè demach nan nivo ki trè wo. Pa egzanp jodi a nap fè fas ak yon problèm de debwazman ki trè grav kote menm sous dlo nou yo koumanse seche.*

Nou ta renmen wè yon seri forè Ayisyen ki fèt ak pye fwi ke nou ka ekspòte tankou mango fransik. Konsa nou ta nouri tèt nou epi tou fè Ayiti rantre anpil dola vèt tou. Se pou nou idantifye tout kote ki te konn fè kafe epi ki sispann prodwi kafe pou nou ka ankouraje moun yo pou yo ka rekoumanse prodwi kafe ankò pou nou ka fè dekabès. Pandan nap plante yon seri de plant kap bannou maje, rebwaze peyi, an menm tan tou nap rantre deviz pou mennen prosperite nan peyi nou.

Jovenel Yon Vizyon Pou Yon Nouvel Ayiti

4.8- Tèt ansanm

Nou dwe etidye ansanm ak otorite lokal ak nasyonal yo sou kijan nou ka koumanse jwenn lòt sous enèji pou ranplase bwa ak chabon bwa.

Youn nan prensipal sous enèji ke nou plis itilize an Ayiti jodi a se bwa ak chabon bwa, se sa tou kap detwi peyi a bannou. Pa egzanp, nou preske fin koupe tout pye bwa nou yo pou nou fè manje elatriye. Sa mennen nou nan yon debwazman total kapital de peyi a. Koupe pye bwa se yon fenomèn ki detwi lavi apil, nou wè sa nan chak ti lapli ki tonbe se lavalas ki desann. Sa nou dwe konnen, sè ke pye bwa fè bote yon peyi e an menm tan tou pye bwa proteje tè a, pye bwa yo proteje nou tou nan anpeche erozyon ak lavalas, pye bwa bannou oksijèn pou nou respire pou nou pa mouri, pye bwa fè lapli tonbe pou nou jwenn dlo elatriye. Eske nou ka jwenn lòt sous enèji pou ranplase bwa ak chabon bwa an Ayiti?

Jwèt la ègate. Men, ou pa chanje jwè lè yon ekip ap genyen. Nan ka pa nou an, nou dwe jwe jwèt la mò rèd tout tivis. Paske se nou tout kap disparèt si nou pa chèche jwenn nan tèt ansanm ak gouvèlman lokal ak nassonal peyi nou pou nou jwenn lòt sous enèji pou ranplase bwa ak chabon bwa. Youn nan posiblite nou genyen, se ta itilize sa yo rele enèji renouvlab la. Paske, li bèl, li pròp, ou ka konte sou li e li pa chè. Nou sitou jwenn enèji renouvlab nan solèy, van, idroelektrik, biodizèl *elatriye. Fò nou di tou an pasan ke Ayiti se yon peyi ki rich an resous natirèl, istorik ak yon bèl solèy sou tèt li. Kidonk youn nan premye sous enèji nou panse ke Ayiti ta dwe chèche eksplwate, se solèy la ke nou ta dwe itilize pou prodwi elektrisite ak pou fè manje elatriye. Yon lòt kote, nou ta dwe konstwi anpil idroelektrik. Se pou nou antre tout swit an negosiyasyon ak otorite peyi nou epi tou ak sektè prive a nan respè, lòd ak disiplin pou kreye yon fon de sibvansyon pou fakilte syans ka koumanse fòme anpil teknisyen nan domèn enèji renouvlab pou nou ka sispann koupe pye bwa e anpeche lavalas pote tèt nou ak tout sa nou posede ale jete nan lanmè; epitou pou Ayiti ka tounen la pèl dèzantiy ankò.*

4.9- Kontwole pouvwa fè pitit an

nou Nou ta dwe kontwole pouvwa fè pitit nou, nou pa dwe depanse nan bagay ki pa nesesè, nou dwe fè prevansyon pou nou ka toujou viv an sante.

Kontrole pouvwa fè pitit ka ede jenn yo gentan fini lekòl ak aprann metye anvan yon pran gro responsablite. Li ede fanmi yo deside ki lè yo ka fè yon lòt timoun ankò. Lè de moun prepare deside fè yon pitit, timoun sila a vini tankou yon benediksyon nan fanmi an. Lè nou kontrole pouvwa fè pitit nou, lè nou fè timoun *lè nou pare, timoun nou yo byen devlope e fanmi nou toujou an bòn sante. Kidonk, si tout ayisyen kontrole pouvwa fè pitit yo, Ayiti ap tounen yon peyi an sante kote moun ap depanse sitou nan sa ki nesesè pou nou ka donte lavi a.*

An atandan ke tout ayisyen vini rich tankou Ayiti. Se pou nou depanse lajan nou sèlman nan bagay ki nesesè. Sa vle di: achte sa nou bezwen, pa achte sa nou anvi, sa ap ede nou fè ekonomi pou nou ka jwenn lajan pou nou envesti nan ti biznis pou nou ka vini rich pandan nap fè prevansyon pou nou pa tonbe malad tout tan.

Evite miyò pase mande padon. Pase pou nou di si nou te konnen, an nou koumanse travay nan tèt kole ak tout kalite otorite nan sosyete a pou prevni maladi yo anvan yo rive sou nou pou touye nou. Pa egzanp, malaria ap toupizi nou anpil an Ayiti. Sa ki bannou malaria se ma dlo sal. Ebyen an nou kenbe zòn kote nap viv yo pròp san fatra san ma dlo sal. Grangou nan vant pa dous, grangou se maladi ki atake pifò moun nan peyi Dayiti. Pou nou anpeche nonn yo rele grangou a dechalbore nou, se pou nou prodwi anpil manje tout tan ak tout kote. Se pa sèlman lè lapli ape tonbe ke nou ka dwe plante, nou ka fè manje tout tan e tout kote si nou fè zanmi ak la konesans, la konsyans e la teknoloji.

4.10- Edike timoun yo

Nou dwe fè edikasyon pitit nou yo epi ede yo fè ti biznis pa yo tou, pou yo ka aprann peye lekòl yo pou kont yo.

Si nou aprann timoun nou yo fè ti biznis pou peye frè lekòl pou kont yo. Sa ka aprann yo jere lavi yo depi yo tou piti. Epi tou ede nou chanje kilti de depandans an nou an, an yon kilti de travay e de prodiksyon, kote tout moun ta konsidere travay kòm yon devwa ki gen pou konsekans la delivrans ekonomik e sosyal. Pou nou ka jete tout vye konpleks, ki fè ke *apre nou pase dezoutwa jou sou ban lekòl nou refize travay la tè, nou pito chita jwe domino an atandan ke nou jwenn yon jòb sou biwo.*

Mezanmi kite koze pran paròl, tout tande nou tande ayisyen yo konplekse a, depi yo janbe frotyè panyòl la osinon rive Miami tout konpleks ake maskarad tonbe plat ate, epi premye ti jòb ou jwenn nan se li pou ou kenbe, se li ki delivrans ou e byen souvan li ka kòk lakou osinon lavèt asyèt. Nou espere yon jou pou moun, ke anpil moun Ayiti ap rele dyaspopo yo ka fè yon ti chita pou eksplike jan lavi an di nan Nouyòk. Lè blan an ba ou yon jòb ou gen pou rann tout mèch ou bali. Paske ou gen pou ou travay tankou ou te reprezante twa oswa kat moun tèlman ou gen pou ou travay di. E, menmsi ou ta santi trip ou ape koupe ou pa ka kanpe. Paske si ou kanpe ou ka pèdi djòb ou e, si ou pa travay ou pa ka peye bil ou. Ki donk, li posib pou ou ale domi anba pon. Enben, animal nan mal li nan mal nèt, nou oblije mare ren nou pou nou ka viv e pou nou ka voye kichòy pou fanmi nou Ayiti.

Map bannou yon ti kal verite, men tande ak wè se de. Tout sa poum di nou ke, pati an vakans a letranje ak vwayaje pou ou rete lòtbò dlo pa menm. Mwen te gen chans vini fè vacans nan peyi Etazini plizyè fwa anvan mwen te deside rete viv la an 2002. Premye ti djòb mwen se te bale, pase mòp ak lave asyèt. Poutan, anvan mwen te kite Ayiti, mwen te travay pou gouvèlman ak ONG, mwen tap mennen yon bèl vi. Mwen espere ke ti pataj sila ka ede yon ayisyen dekonplekse yon ti kras epi aksepte fè chan'y osinon nenpòt ki travay nan konba la vi a. Pa egzanp, la a lòtbò frotyè a lè ou travèse a pye premye bagay ou fè, ou netwaye soulye ou. Ou konnen ke trè souvan ke chan'y dominiken sila a ki sot vann sèvis li a, li posib pou ke li se yon moun ki nan inivèsite kap etidye pou li vini dòktè! Alòs, oumenm ti zanmi ki sa ou panse de tèt pa ou? Eske ou deside fè nenpòt ki djòb pou ede tèt a'w, epi tou chanje lavi ou? Nou bezwen achte anpil kloròks pou nou lave oswa dekrase tout kras konpleks sal ki kole sou sosyete Ayisyen an si nou pa vle di Ayisyen yo, yon fason pou zòt pa estonmake.

4.11- La pwòptay

Nou dwe toujou kenbe zòn kote nap viv la ak peyi nou byen pwòp.

Nou dwe toujou kenbe zòn kote nap viv la ak peyi nou byen chik. Nou viv nan kay, nou viv nan lari ak nan yon peyi. Si nou kebe 3 kote sa yo pròp na viv an sante, epi nap gen plis respè ak plis vizitè/touris.

Li vreman enpòtan pou nou rete nan yon kay ki pa sal. Yon kay ki sal se rezèvwa maladi.

Mikròb se zanmi salte, se nan malpròpte mikròb miltipliye. Si nou viv nan yon kay ki pròp, nap viv pi lontan. Paske nou pap tonbe malad san rezon, nou pap fè enfeksyon fasil sou po kò nou ak nan san nou. Kidonk, la pròpte se zanman la sante, epi la sante proteje la richès. Paske tretman medikal ka fè ou tounen pòv nan yon ti kadè. Menm jan nou bezwen respire a, kay nou yo bezwen pou yo byen degaje, kay nou yo pa dwe chaje ak batanklan ki ka anpeche nou netwaye yo, pou yo rete pròp pou nou ka viv an sante.

Lari a se salon pèp la. Nou tande pawòl sila a sou lèv tout ayisyen. Salon nou se kote nou pran ti detant nou, se la tou nou resecwa vizitè nou yo. Lari a se pou nou epi tou li se premye kote nou resevwa etranje ki nini vizite peyi nou. Kidonk, pèsòn moun pap lage salte nan salon li, si lari a se salon nou, nou panse ke nou ta dwe kenbe li pròp. Nou dwe kite pratik jete fatra nan rigòl osinon nan lari lè lapli ap tonbe. An atandan ke nou jwenn solisyon osinon tretman pou bidonvil yo. Nou ta dwe kontinye kenbe zòn andeyò yo pròp, pou yo ka sèvi de modèl pou moun nan vil yo. Pou kenbe Ayiti pròp, gouvèlman an plis sosyete sivil la dwe jwenn yon seri solisyon de ranplasman pou bidonvil yo. Pa egzanp, youn nan bagay ki pi enpòtan pou nou se ta rive kreye travay ak lojman sosyal modèn nan milye riral yo. Koulye a, moun andeyò tap non sèlman pa vini rete nan bidonvil yo, moun andeyò yo tap pè pase nan yon kote sal osinon yon kote ki gen dlo rigòl santi tankou Kwabosal. Epi tou, li posib pou fenomèn envès la ta prodwi kote moun kap viv nan bidonvil yo ta deside kite vye zòn sila yo pou retounen ale viv kote ke yo te soti a. Paske koulye a, peyi andeyò a vin tounen yon milye ki favorab pou devlopman nou tout kòm moun.

Yon nouvo milye ki ka ofri tout moun yon lavi miyò.

Se vre ke pa gen okenn peyi nan karayib la ki gen pi gro potasyalite touristik pase peyi Dayiti. Se vre tou ke, gouvèlman ayisyen an sitou avèk ansyen minis touris li a (Madanm Stephanie B.V) te fè yon bèl travay nan promouvwa touris pou Ayiti. Men, anvan osinon an menmtan tou, nou dwe mete devwa nou o pròp: nou bezwen netwaye Ayiti epi kenbe li pròp. Nou kwè ke li ta bon pou nou fè yon kanpay nasyonal sou kenbe Ayiti pròp nan tout lekòl, legliz, radio, peristil ak televizyon. Nou pap janm sispann repete ti koze sila a: dechè youn kapab tounen richès yon lòt. Tout swit, nou dwe deside kolekte ak triye tout fatra nan peyi a epi transfòme yo an objè ki ka itil sosyete nan fè ekonomi an mache. Teknik yo egziste deja nou sèlman bezwen gen volonte pou nou fè siksè. Banm *di nou ki sa ki te rivem nan forè la Sent Bom an Frans. Mwen te ale vizite forè a ake yon ti zanmi franse. Nou te manje ansanm, tchè an nou te kontan anpil. A la fen, mwen te prale manje yon gonm/chiklèt ki te vlope nan yon papye aliminyòm. Mwen mete gonm lan nan bouch mwen epi, mwen te lage papye aliminyòm nan atè a. Ti zanmi an te reprimande mwen poum pa janm fè sa ankò. Paske map detwi forè a ak yon kalite fatra ki pa biodegradab ke mwen jete atè a, li pap pouri pou tounen fimye pou nouri forè a. Apre sa, mwen te ranmase ti fatra'm jantiman epi mwen te metel nan yon poubèl ki la pou sa. Fòk mwen di nou tou ke nan peyi sila a: moun pa krache atè ni yo pa pise nan lari. Mwen pa sonje pri la Frans la, men, kote map viv koulye Ozetazini, si ou kite yon polis bare'w ap pise nan lari a: wap gen pou w peye $500 dola vèt pou w ka kite salòp.*

4.12- Lijyèn

Nou dwe fè bèl twalèt pou nou fè bezwen nou ak pou nou benyen.

Nan nouvèl Ayiti nap envante osinon konstwi ansanm ake Jovenel Moise PHTK a, nou pa dwe pèdi anyen. Se pou nou fè ekonomi, se pou nou transfòme tout dechè animal (tankou poupou moun osinon bèt) ak vegetal (zèb, vèy bwa, dechè ki soti nan koujin ak nan lakou nou yo) an richès osinon an nouvo prodwi ke nou ka itilize pou fè jaden tankou konpòs ak gaz propa'n elatriye. Kidonk, se pou nou jwenn nan tèt ansanm ak otorite an nou yo, bon jan mwayen modèn pou nou transfome dechè nou yo an nouvo richès. Men, fòk nou sispann fè bezwen nou nan trou latrin fon. Paske nou pèdi poupou yo epi tou, yo ka kontamine sous dlo nou yo. Nou pa dwe fè bezwen nou nan raje. Paske, mouch pral poze sou yo epi apre sa poze sou fwi, legim ak tou lòt kalite manje ke nou ape manje.

Nou dwe fè rchèch pou konnen si li pa gen yon sistèm ki deja egziste osinon nou ka mande inivèsitè nou yo pou devlope yon nouvo sistèm twalèt ki ekonomik e ki ka fè yo fè lajan tou akòz envansyon yo a. Youn nan lide mwen genyen lan tèt mwen, mwen sonje an 1997 nan moman kote ke mwen te pral kite peyi la Frans pou retounen vini viv an Ayiti definitivman, pou mwen te ka ede nan devlopman peyi mwen. Kote ke mwen te jwenn pen lenstriksyon e ke mwen dwe yon benediksyon. Mwen te ale wè kèk eksperyans ke yon group entelektyèl franse ki te kite lavil pou retounen a la kanpay, pou tounen peyizan. Yo tap travay vreman di pou donte, pou tranfòme yon tè ki te vreman yon dezè ki pa prodwi anyen ankò. Se la ke yo te deside moute tant yo pou pataje konesans ak eksperyans yo ake lòt peyizan tou patou nan lemond. Youn nan eksperyans yo: se yon twalèt ijyenik ki pa te itilize fòs septik. Konsa tout dlo ak tout matyè ki te soti nan twalèt la te ale vide nan tè a pou fètilize li. Osi, yo te plante yon seri kalite zèb ki te gen kapasite manje tout mikrò ki soti nan matyè yo. Kosa, bèl pye bwa ak bèl zèb tap pouse nan zòn nan.

4.13- Dlo pwòp

Nou dwe bwè bon jan dlo pwòp san jèm maladi.

Jodi a nou kwè ke tout ayisyen san distiksyon pa inyore jan li enpòtan pou nou bwè bon kalite dlo pròp. Apre tout dega ke kolera te fè nan sosyete nou an kote dè milye de moun te *mouri nan yon ti kadè. Yo di nou konsa ke maladi sila se yon group sòlda UN ki te mennen li an Ayiti. Kindonk, nou dwe bwè dlo ki bouyi oswa byen trete. Nou pa dwe bwè okenn move dlo ki ka bannou dlololo. An nou gade enpòtans dlo pou non sèlman nou dwe plante e sispann koupe pye bwa men pou nou ka toujou gen dlo an abondans. Men tou se pou nou envante yon peyi ki bwaze, yon peyi ki pròp kap prodwi yon dlo pròp ki ka bannou anpil milyon dola sou mache entènasyonal la. Dlo se pi gro richès ki genyen sou la tè pou kretyen vivan jan Prezidan Jojo Moise di nous a chak jou Bondye mete. San dlo pa gen la vi. Si on moun pa bwè dlo lap mouri. Dlo se poto mitan la sante. Nou pa dwe pran dlo pou gran mesi. Se pou nou ranmase karaktè grandèt majè nou, se pou nou edike tèt nou, yon fason pou tout sa nap fè ale nan sans devlopman peyi Dayiti pou li ka tounen la pèl dèzantiy on lòt fwa ankò pou tout tan gen tan.*

4.14- Marye timoun

Nou pa dwe depanse lajan lè pitit fi osinon pitit gason nou ape marye.

Banm fè nou yon ti kofidans de yon eksperyans pèsonèl ke mwen te fè nan zòn Tòtòy (Batis) depi nan koumansman ane 1990 yo. Tòtòy se yon zòn kote ke la vi a pa trò pi mal pase sa pou peyizan nou yo paske li se yon zòn ki bwaze epi tou ki fè anpil kafe ake lòt kalite danre tankou mayi pwa elatriye. Men moun nan zòn nan te ka rich si se pa te yon fenomèn marye timoun ki tap diminye ekonomi moun yo. Pa egzanp, lè de jenn pral marye: paran ti gason an bay lakou epi yo konstwi yon kay pou mesye dam yo. Paran tifi a bò kote pa yo dwe achte tout kalite mèb ke kay la bezwen. Apre maryaj la, paran yo dwe kontinye pran swen de jenn marye yo.

Nou pa kont yon bèl kado pou moun ki ape marye. Men nou konnen bèl maryaj se bèl bagay si e sèlman si, lè de moun ki pral marye yo byen prepare. Si de moun ki deside marye pa ka pran swen tèt yo pou kont yo. Yo poko pare pou yo marye. Kikonk, se malediksyon osinon madichon pichon nap atire sou nou ak sou peyi nou. Lè nou deside marye san nou pa gen yon djòb osinon yon biznis ki gen bon jan garanti se lave men epi siye li atè paske nap kontinye miltipliye la mizè e, fwèt kach lanmizè fèk tanmen bat dada an nou. Enben mezanmi nou gen dwa depanse nan maryaj jan nou vle si nou gen mwayen pou sa. Fò nou konnen tou ke chans se rezilta efò nou fè nan la vi a epi tou, de mèg pa fri. Kreyòl pale kreyòl konprann. Jwèt an nou nan man nou na deside ki sa ki pi bon pou nou ak pou peyi nou.

4.15- Jistis

Nou pa dwe fè lòt moun abi epi tou pa kite yo fè lezòt yo lenjistis.

Ou pa dwe pase dwa pa yon lòt moun anba pye ou. Ou pa dwe fè yon lòt moun abi. Se yon bagay ki pa bon paske li fè lòt moun nan soufri. Menm jan tou ou pa dwe kite yo fè yon lòt moun abi: "injustice anywhere is a threat for justice everywhere" (Martin Luther King, Jr.) (injistis nenpòt kote se yon menas pou jistis tout kote.) Kòm enjistis afekte tout kouch sosyal ak tout endividi nan sosyete Ayisyen an, lap trè difisil pou nou ta pale de yon sèl aspè de enjistis la nan peyi a. Se sa ki pouse nou chwazi pale de yon enjistis enstitisyonèl osinon generalize an Ayiti. Pa egzanp, si ou pran kenpòt moun, si ou pran yon moun ki swadizan yon moun ki byen elve moralman; epi ou mete moun sila a nan youn nan manifestasyon nan lari kote tout moun ap di pawòl ki degradan oubyen ki degrade moun, tout moun ap boule kawotchou oswa detwi byen onèt ak pezib sitwayen nan peyi a. Endividi sila a ap patisipe e lap gen menm konpòtman ake ak rès group sila a kap detwi imaj ake eskanp figi peyi Dayiti sou plan nasyonal ak entènasyonal san okenn remò. Poutan, si ou retire grenn moun sila a, epi ou izole li de rès group la, menm si ou te peye'l lajan: li pap janm ka repete betiz li tap di nan mitan group la. Anfen, pou la premyè fwa nou koumanse fe eksperyans manifestasyon pasifik e sivilize ake   PHTK kote ke yon ekip moun de byen deside fe pase revandikasyon yo san fè okenn vyolans ake kraze brize.

4.16- Envestisman

Nou dwe mete ansanm pou fè gro envestisman pou nou ka antre plis lajan.

Nou dwe fè gro envestisman kote nou sevi ake Agritrans S.A. kòm modèl ake kolaborasyon Jovenel Moise PHTK pou nou ka fè anpil kòb, pou nou ka bay anpil moun travay epi tou pou nou ka proteje lajan ke nou deja genyen. Li pa posib pou chak grenn peyizan ayisyen se yon ti kiltivatè epi an menm tan tou, li se yon ti machann nan lari. Nou wè rezilta a, nan vil nou yo: yo sal tanko pen'y ti dan. Pa gen okenn kote pou nou sikile oubyen respire nan vil nou yo; se menm bagay la tou nan bouk nou yo sitou jou mache lè tout peyizan desann. Kidonk, gro envestisman nan agrikilti ake touris ka kenbe vil nou yo pròp paske lap bannou anpil travay. Si nou vle envesti pròpreman nan yon peyi ki pròp, se pou nou fè yon seri de gro envestisman nan seksyon kominal yo nan enfrastrikti, prodiksyon argroalimantè ak restorasyon pou prodiksyon lokal ak entènasyonal. Nouvo kopòtman sa a ta dwe ede tout ayisyen santi ke yo byen nan po yo nenpòt kote ke yo ye an Ayiti. Konsa, fenomèn bidonvilzasyon chimerik la tap koumanse mache sou rout otodisparisyon li.

Nan tan sa yo la a, Leta Ayisyen ta dwe mete tèt ansanm ake sektè prive a elatriye ak pou envesti nan: wout, dlo, elektrisite elatriye pou peyi a ka prepare li pou envestisè yo tankou yon fi osinon yon gason ki pral marye.

Tout konnen ke kominikasyon se baz devlopman. Nou ta dwe rasanble agrikiltè ak envestisè yo nan yon seri kooperasyon eklere pou ede moun yo prodwi plis epi, vann prodwi yo sou plas kote ke yo gen yon seri enstalasyon modèn pou transfòme, prepare ak byen prezante prodwi nou yo pou makèt nasyonal ak entènasyonal. An nou aprann envesti ansanm pou devlope peyi nou.

Envesti se chofe pou ou ka sere, se pa sere pou chofe paske lajan sere pa fè pitit.

4.17- Mini makèt

Nou dwe devlope yon ekip de ti makèt, yon fason pou nou pa achte osinon pou nou pa ale vann prodwi agrikòl nou yo nan salte, atè nan vye mache sal ni tou, nou pa dwe ache okenn bagay pou nou manje si li pa prezante nan bon kodisyon lijyèn.

Move imaj osinon move espektak salte ki pi souvan rezilta movèz jesyon oswa òganizasyon ti biznis enfòmèl nan peyi a; kote ke tout ti machann kap vann prodwi yo epi jete fatra tout tan ak tout kote. Li lè li tan pou nou koumanse reòganize ti biznis peyizan ak ti machann nou yo nan envansyon yon Ayiti pròp ak prospè.

Se vre ke zòt toujou ap di ke Ayiti se yon peyi esansyèlman agrikòl. Se vre tou nou dwe prodwi ak vann prodwi nou yo yon lòt fason, yon fason modèn ke nou dwe reyalize nan tèt ansanm ak yon sektè piblik/prive eklere. Sektè piblik la ake sektè prive a ta dwe mete sou pye yon bank kredi agrikòl pou yon pa, pou prodiktè nou yo jwenn lajan prete pou achte materyèl modèn ak semans bon kalite. Yon lòt kote, ta dwe genyen yon seri kooperativ de sèvis oswa konpayi ki achte tout prodwi yo epi distribye yo sou mache nasyonal la ak ekspòte yo tou. Nou ta dwe ede kreye nan nivo lokal yon ekip mini makèt byen pròp, sa vle di ki gen nen nan figi yo.

Se pou otorite nou yo bay tèt yo bon jan mwayen modèn pou evite frod pou yo ka rive fè tout moun san distenksyon peye taks e, sa dwe fèt nan tout nivo nan tout kote. Pa dwe gen pati pri, pa dwe gen moun pa, se pou nou trete tout moun egal ego devan la lwa. soti nan prezidan pou rive nan peyizan. Konsa otorite nou yo a jwenn mwayen pou akopaye nou sou chimen le progrè san yo pa bezwen ale mande la charite a letranje.

Olye ke chak grenn ayisyen se yon ti plantè osinon yon ti machann an bilan, nou pral kreye yon seri de ti biznis ak gro biznis pou achate ak vann sèvis epi e sitou kreye anpil djòb ak richès pou promouvwa yon nouvèl Ayiti ki bèl e prospè. Pa egzanp, si 200 plantè nan yon menm zòn ap prodwi patat. Nou dwe chèche kreye yon konayi ki achte tout patat la epi komèsyalize li sou tout kalite fòm. konsa, tout moun a gen lajan nan men yo pou yo ale achte manje pròp nan bèl makèt ak nan bèl restoran, epi tou ale nan bèl chòp pou nou achte rad nèf pou nou taye chèlbè nou. Paske nan Ayiti pròp ak prospè nap envante osinon kreye avèk vizyon Jovenel Moise PHTK a, pap gen chans pou nou ale achte rès rad sal ki soti nan lòt peyi ke yo rele pèpè pou fè nou pè. Paske pi souvan rad sila yo se yon seri rad sal ke zòt ranmase nan fatra lòtbò dlo pou vini vann sou bò lari an Ayiti. Pou fini, nap di:

nou pare pou nou pataje kèlkeswa enfòmasyon ke nou genyen ak nenpòt moun osinon group moun ki vle oswa ki deside devlope lide nou yo pou chanje osinon pou fè Ayiti bèl tankou bèbèl.

4.18- Solidarite

Nou dwe toujou pare pou nou ede youn lòt. Si yon manm yon Klib Wolove ta trouve li an defikilte se pou nou tout ale pote li sekou.

Se vre ou ka gen bèl lide. Men nan yon peyi tankou Ayiti se bèl mwayen ki konte. Toutfwa, nou deside kreye pròp ti kredi pa nou ke nou ap rele: Mityel solidarite PHTK ake èd yon volontè PHTK ki save nan domèn sila a ki se Macajoux Pierre Alix ansyen kandida pou depite nan komin Lachapelle. Kote ke nou ape mete nou an ti group pou nou koumanse jere ansanm ti kredi sila a ak anpil love/renmen nan kè an nou pou li ka dire tout tan gen tan. Paske, san kredi pa gen ti biznis. Pa egzanp, se 27 milyon ti biznis ki bay plis pase twaka moun nan peyi Etazini travay. Se sa ki fè ke nou ke nou chwazi aprann nan men ti zanmi ameriken yo: anglè, sèvis a la kliyantèl, *kreyasyon ak jesyon ti biznis. Chak Klib Wolove ka genyen soti 3 pou rive 5 manm osinon ti zanmi PHTK. Nou ta dwe fè group ak moun ke nou konnen. Paske nou pral devlope yon relasyon zanmitay kap gen anpil enpòtans. Nou dwe tounen yon nouvo ekip sitwayen de referans oubyen yon ekip sitwayen modèl pou sosyete a. Kote ke noumenm antan ke manm Klib wolove: nou pa dwe tiye, nou pa dwe vòlè. Nou menm ti zanmi PHTK yo, nou dwe renmen tout moun menm jan nou renmen tèt an nou, nou dwe trete tout moun avèk anpil renmen/love nan kè nou, se pou nou toujou trè souriyan, se pou nou toujou di: bonjou, mèsi, souple, eskize oswa padon elatriye. Nou menm ti zanmi PHTK yo, se pou nou ap felisite youn lòt, se pou toujou ap ankouraje lòt moum kèlkeswa bagay yo reyalize nan la vi a ki byen. Si gen yon ti zanmi ki gen problèm se pou nou tout ede li rezoud li.*

4.19- Sèvis kominotè

Nou dwe patisipe nan tout travay kominotè kap fèt.

Moun save yo di konsa ke mou pa fèt pou li viv pou kont li, moun se yon zèfè sosyal, moun dwe viv an kominote. kidonk, si nou ape viv nan yon kominote, nou dwe konprann ke vizaj kominote a reprezante vizaj nou tout san eksepsyon. Lè yon etranje vini nan wè nou, li wè figi kolektif la anvan li wè figi endividyèl la. Sa vle di ke vizaj pa nou ake vizaj kominote fè yon sèl. Se pou tèt sa ke yon kominote dwe toujou ap travay tout tan pou li vini pi prospè ak pi bèl. Lè nap konstwi nan kominote nou yo nou pa dwe fè sa nepòt kouman, se pou nout konstriksyon nou yo respekte règ ki preetabli

(etabli anvan) pa otorite nou yo ki di ki kote nou ka konstwi ake ki kote nou pa ka konstwi. Se pou nou devlope nan tèt ansanm avèk bank ayisyen yo yon seri de ti biznis ki fè kay pou vann osinon kay pou lwe.

Lè nou pale de kay, nou pale de kay ki respekte tout règ entènasyonal yo menm si yo piti. Non sèlman nou dwe patisipe nan tout sa kap fèt nan kominote a, nou dwe travay pou nou vini rich ansanm ak tout kominote a. Se pou nou pataje tout sa ki bon nan nou ake kominote a pou li ka vini bon takou yon bonbon.

4.20- Kè kontan

Se pou kè tout moun kontan byen kontan.

Kè kontan kenbe yon pèp an sante. Koulye a nou deside pou nou travay ansanm pou byennèt ak prosperite nou tout. Li lè pou nou konnen ke: kè kontan se siman ki pou soude nou ansanm. Kidonk, nan tout aktivite ekonomik nap antreprann, fò nou kite plas pou aktivite sosyal, kiltirèl ake zanmitay pou nou ka kenbe tchè an nou kontan tout tan. Kè kontan se pi gro medikaman ki egziste. Se pou nou bay tèt an nou ak sosyete nou a yon dòz kè kontan tout tan tout kote. Se pou nou toujou ri jiskaske tchè an nou kase chenn. Se pou nou renmen anpil la bote estetik. Tout batiman osinon kay nap konstwi dwe toujou

Pròp e bèl tankou la lin ake solèy. Nou tou dwe kontan ansanm. Ou dwe toujou chèche fè kè ou kontan san ou pa anpeche kè on lòt moun kontan tou; sa se sèl lwa ki egziste nan remèd inivèsèl sila a ki rele kè kontan an. Nou la jodi a pou kreye yon zòn ki dwe genyen plis kè kontan nan mond la ki se Ayiti. Pou sa, nou dwe bay tèt an nou mwayen pou fè konesans ake yon kilti konstriktiv. Se sa ki eksplike kolaborasyon antre: Jovenel Moise, Macajoux Pierre Alix, Marcel Lecorps nan premye edisyon sila a pou pataje ake nou tout bann enfomasyon sila yo pou ede chanje la vi nou nan tèt ansanm ake tout zanmi isit la an Ayiti ake lòtbò dlo tou. Si tchè a ou toujou kontan, ou se on bon ti zanmi, ou ka viv lpi ontan. Tchenbe rèd Tet Kale pa moli.

5- TOURIS

Nan disnevyèm syèk la ak esklav yo, Ayiti te chanje politik lemond kòm premye repiblik nèg nwè nan mond lan; jodi a, ak program touristik Jovenel Moise PHTK a, Ayiti pral prezante tèt li kòm premye peyi pòv ki pran endepadans sosyo-ekonomik li nan tèt ansanm ak pèp Ayisyen an, diaspora a ak kominote entenasyonal la.

Poul dekole, Ayiti ap bezwen anpil matyè griz. Men kòm nou konnen ke 87% entelektyèl Ayisyen yo ap viv aletranje, kidonk resous an nou yo vreman limite sou plan lokal ak nasyonal. Souvan, trè souvan nap fè apèl ak benevòl PHTK yo nan dyaspora a tankou: Marcel Lecorps, Lamoth Edouard, Mehu Paul ak pou fini Bertony Paul ki deja ekri anpil nan domèn sila a pou gide nou nan refleksyon an nou yo. Paske nou pataje menm lide ak menm konviksyon, an nou fè yon ti founi je gade Bertony nan prochen chapit la sou touris dirab ki se youn nan cheval batay mwen, mwen mwenmen Jovenel ake PHTK.

6- Touris Dirab

Kom anpil nan nou konnen deja, se touris ki devlope yon seri peyi tankou La Frans, Litali, Le Meksik, La Jamayik ak pi pre nou la a, nan bab an nou peyi la Dominikani ki pansel pa kanmarad an nou. Mwen menm mwen te deja ekri nan liv: "Wolove Yon Rev Ayisyen-Ameriken pou Ayiti" https://www.createspace.com/4498647 kote ke mwen deja fe anpil promosyon pou touris kòm mwayen pou devlope Ayiti. Men, mwen te toujou avanse sèlman rezon touristik la akòz retonbe ekonomik yo pou jistifye pozisyon mwen yo. Jodi a mwen kontan anpil rankontre profesè Ronald Normil ki ap aneye touris nan UPNCH (Universite Populaire du Nord au Cap Haitien) li vini ranfòse konviksyon mwen yo an apil anpil. Men se pou yon lòt rezon, kote ke Mèt la di mwen pa egzanp: "Touris se yon aks transvèsal." Epi li kontinye eksplike: "lèm di ke touris la se yon aks transversal la, sa vle di ke sektè la lye ak tout lòt sectè yo. Ki vle di, depi li develope nan yon zòn, nan yon peyi, tout lòt sectè aktivite yo ap develope tou. Tankou mwen vle pale de agrikilti, edikasyon, kominikasyon, sante, djòb elatriye. Se sak fè kel se yon disiplin ki transvesal nan sans ke li lye ake tout lot disiplin yo."

Yon lòt kote, youn nan etidyan profesè a: Jean-Rebert Jadotte te di mwen an pasan ke li gen yen diferan modèl touristik, men mwen chwazi defini pou nou yon sèl ki se sa ke mwenm plis renmen an osinon modèl ke mwen damou pou li a ki rele: "Touris Dirab."

Se nan sans sila ke nou nan 5 lane konsa, nou ka promouvwa 28,000 nouvo chanm otèl nan ankouraje 140 nouvo antreprenè Ayisyen ki ap viv an Ayiti ake nan diyaspora a pou kreye 140 vilaj touristik de 200 chanm. Yon lòt kote, nan kad yon patenarya piblik/prive, nou deside ankouraje ak ankadre 140 lot antreprenè pou konstwi 140 vilaj ki nan nivo entenasyonal tou pre vilaj touristik yo ki pa la swit ta dwe transfome an 140 vil modèn pou Ayisyen venteyèm syèk yo viv nan la pè, lamoni ak la prosperite pou tout tan. Koulye a nap envite w gade ansanm ake nou, ki jan nou pral atire touris entènasyonal la an Ayiti.

Nou menm Ayisyen, noupi plis pase tout sa ke je an nou ka wè, paske Ayiti se yon ti peyi ake yon manman penba listwa, osi ake anpil richès natirèl kiltirèl epi tou, tout etranje byen vini lakay an nou. Nou sèlman bezwen koumanse edike tèt an nou ak rès mond la jodi a menm de yon bèl Ayiti kote tout moun kap viv alèz tankou blèz.

An de mo twa pawòl, nou pe di ou ke Ayiti plase tèt li nan mitan nannan listwa le mond paske listwa Ayiti makònen ake Lafrik, Leròp, Lamerik di nò ake Lamerik di sid.

Nou menm ayisyen, nou dwe bay tèt nou bi bon mwayen teknolojikman palan pou kominike pi byen ak kontinan Afriken an, nou dwe prezante Ayiti bay afriken yo pou sa li ye a, youn nan premye prodwi Afrika te ofri lemond: la libète modèn ki makònen ake dwa moun kote tout moun dwe egal ego san pa gen mèt, san pa gen esklav. Konsa, zansèt nou yo te goumen pou kreye premye Repiblik moun nwa ki endepandan nan nouvo mond la.

Kidonk, se pou endistri touris ayisyen an ake gouvèlman peyi dAyiti kreye yon seri de vizit gide bon mache pou afriken ki vle vini vizite Ayiti peyi libète a.

Se pa san rezon, apre Kristòf Kolon ak lòt panyòl yo te vin chwe sou zile Ayiti you te rele li Hispagnola yon ti non gate ki vle di ti Lespay pou tèlman zile a te bèl, pou tèlman zile a te chaman.

Nan projè rekonstriksyon nouvèl Ayit a, li ta posib pou gouvèlman Ayisyen ake Espanyòl mete ansanm ak beznismann Ayisyen ak Aspayòl pou envesti ansanm, pou rekonstwi Hispagnola nan Mòl Sen Nikola pou touris espayòl yo elatriye.

Nan menm sans sila a, gouvèlman Ayisyen ak Franse, envestisè Franse ak Ayisyen dwe devlope bon jan relasyon ekonomik pou dekouvri tout ansyen sit Franse elatriye pou rekonstwi Ayiti, la pèl dèzantiy pou touris franse yo ka vini rafrechi lizyè ak memwa yo an Ayiti kiltirèlman.

Anvan endepandans peyi Dayit nan lane 1804, nou menm ki rele Ayisyen jodi a, nou te sèlman gèrye osinon sòlda ake kiltivatè, sa pate sifi pou te fè nou prezan nan nouvo mòd ekonomik mondyal la. Men, you jou tankou jodi a le mond gen pou li pale de nou pou jan nou te pote drapo libète a byen wo pou anpil lòt pèp sou latè. Kidonk, nan kad relasyon diplomatik dè zafè ke ansyen premye minis Ayisyen an (Laurent Lamothe) tap klewonnen pou nouvèl Ayiti a: se pou nou travay travay men nan men at tout pèp latino ameriken tankou Venezyela, Kolonbi, Ekwatè, Bolivi elatriye pou ede pèp sila yo retrase osinon revizite wout ke liberatè latino ameriken tankou Fransisco de Miranda ake Simon Bolivar te swiv pou libere yo anba pouvwa Lesklavay.

Ayiti te ede Miranda ake Bolivar avèk plizyè ekspedisyon militè ki te soti Okay ake Jakmèl pou te kapote kolon esklavagis yo nan Amerik latin. Kidonk, jodia nou dwe kontinye relasyon lanmitye sila a ki egziste antre pèp latino ameriken yo depi nan tan Dessalines ake Petion nan koumansman ane 1800 yo dwe kontinye pou la pi bèl. Pandan nap kreye yon seri de gro projè touristik nan Jakmèl ak Okay de konsè avèk gouvèlman epi tou envestisè latino ameriken yo pou kreyasyon de yon touris amikalman kiltirèl, enspirasyonèl ak edikasyonèl.

Zòt toujou ap di, Ayiti se dèyè lakou (backyard) peyi Meriken, sa se vre, se pa mantò, se yon gro verite, ki vle di zansèt nou yo ake zansèt Ameriken yo te vwazen nan la gè nan tan la koloni. Paske nan yon gro operasyon bare anwo bare anba gason pa kanpe ki te fèt nan dat 9 Oktòb 1779 pou te ede meriken yo bat chalbari dèyè kolon angle yo nan Savana (Georgia USA), te gen a pe prè mil sòlda ayisyen kite vèse san a yo pou Etazini ka sa li ye Jodi a. Sa pou nou sonje se ke Henry Christophe wa Dayiti te pran batèm dife li osinon te kanzo nan la gè Savannah Georgia America. Jodi jòdi la pliske gen yon estati pou sòlda ayisyen yo anba lavil Savana(Georgia Etazini) on bò e nan lòt bò a nan lakou peyi Dayiti nou gen Sitadèl Laferyè nan Kap Ayisyen(Ayiti) yon gro fò ki fè pati patrimwa'n limanite ke wa Christophe te konstwi. Kidonk, li posib pou de pèp yo, ayisye ak ameriken ta devlope yon touris de rekonesans kote tout ayisyen ta dwe vizite Savana e tout ameriken ta ale vizite Kap Ayisye ak la Sitadèl, a la bèl satabèl.

Nou pap bay tèt nou okenn manti, paske li pape janm fasil pou nou etabli bon jan relasyon de kominikasyon ki baze sou konfyans youn ak lòt ak okenn peyi ansyen mèt esklav yo. Paske, pandan preske yon syèk peyi sa yo te toujou bannou yon bwa long kenbe pou nou pat rive gen kontak ake esklav nan koloni pa yo, yon fason pou nou pa kontamine lòt esklav yo ak lide la libète. Kidonk, jodi a se pou nou ale chèche lwen nan sibkonsyan pèp sila yo pou nou ka wè pou kisa yo toujou ap chèche yon vye imaj sal pou kole sou do ayisyen an menm tan ke yo ap fè anpil jefò pou ede nou paske se nou menm ki pi pòv nan kontinan ameriken an. Kidonk, moun sila yo pa vreman mechan ankò men, kantilsaji de ayisen, se kote mal la yo toujou wè. Nou pa ka di lekontrè paske sa ki nan kè yanm se kouto ki konnen li. Pa egzanp, dènye rapò Nasyonzini fè sou koze ensekirite, Ayiti se youn nan peyi ki genyen mwens ensekirite sou kontinan Ameriken an e, Jamayik ak Dominikani se kote nou ka jwenn plis ensekirite. Poutan, lè wap tande, li osinon gade nouvèl entènasyonal, se toujou de ensekirite an Ayiti yap pale epitou de salte pandan ke yo pa di anyen sou tout jefò ke gouvèlman an ap fè pou chaje imaj peyi a. Sa vle di nan vwayaj nou fè pandan 2 syèk pase yo kondwi nou soti nan relasyon mèt a esklav pou nou tonbe nan relasyon pòv ak rich. Si nou vle pou lavi nou chanje nan bon sans tèm nan se pou nou bay tèt nou bon jan mwayen entelektyèl ak estriktirèl solid pou nou ka rive omwen nan yon relasyon moun ak moun sou yon pwen respè mityèl Pou nou ka rive kreye yon relasyon amikal antre nou menm ake lòt pèp sou latè. Pifò zanmi yo deja la ap tann nou. Men tout tan nou pa deside koumanse chanje lavi nou noumenm pa gen anyen ki ap chanje nan lavi nou. Paske lè ou gen yon klou bò dèyè ou, you moun ka pete li pou ou men, moun sila a, pap janm santi doulè ou santi a.

Mwen ap travay nan yon lopital kote preske tout moun malad yo ap fè eksperyans de yon kalite doulè nan kò yo, ak nan lespri yo. Men, travay ak moun ki malad yo pa sifi pou fè mwen santi ak 100% doulè moun yo paske jiskaprezan mwen genyen yon bon sante san okenn eksperyans de doulè fizik. Sepandan, si yon moun di mwen li grangou, mwen konprann ak plis pase 100% e, map sispann soufri nan nanm mwen ak nan kè mwen osinon nan zantray mwen, si e sèlman si mwen patisipe nan rezoud problèm grangou sila a yon fason osinon yon lòt. Paske, grandi nan peyi Ayiti kote pifò nan nou pa manje chak jou, mwen konnen sa sa vle di vant kòde ak mizè nan vant. Se sa ki fè, depi mwen te ti katkat, mwen te toujou bezwen fè la diferans nan lavi pòv parèy mwen yo. Se konsa chak desizyon map pran nan lavi a mwen, mwen toujou pran li an fonksyon de chanjman li ka pote de pozitif nan lavi a pout tout moun sitou sa ki grangou yo. Kidonk, Wolove se yon chans mwen genyen anplis pou mwen envite chak grenn moun ki pral kolabore avèk nou yo yo, pou nan chak desizyon ke yo ap pran nan lavi a, se pou yo pran li an fonksyon de chanjman yo vle pote nan lavi yo ak nan lavi chak grenn kretyen vivan. Paske jodi a nou angaje nan yon lagè pou kwape grangou ak lamizè nan vant peyi Dayiti ak tout lòt kote sou latè beni ki genyen moun ki pòv osinon moun ki ape soufri. An avan an nou travay di la jounen tankou lan nwit. An avan an nou obeyi la lwa. An avan, an nou renmen peyi nou, menm jan nou renmen tèt nou. Konsa na fè Ayiti vini bèl ake prospè ankò, pou Ayiti ka tounen yon modèl de reyisit ekonomik ak sosyal ke anpil lòt peyi, ka chwazi Ayiti kòm yon ekzanp la pè, la prosperite ak progrè nan lanmou ak nan renmen youn pou lòt devan la sosyete.

Pou rann chanjman sila a posib nan peyi Dayiti, nou tout dwe aprann anglè. Paske menm jan ak ansyen minis touris peyi Dayiti a madanm Stephanie Villedrouin, nou kwè ke touris se lavni osinon baz yon reyisit ekonomik pou Ayiti Cheri. Konsa nou voye yon gro kout chapo pou tout moun: ayisyen tankou etranje ki deside ede Ayiti ak Ayisyen vanse sou chimen lanmou, respè la lwa, la sekirite ake la prosperite.

7- Kreyasyon 10,000 antrepriz modèn nan peyi 10,000 ONG a

Jodi a, selon United States Institute of Peace, yo rele Ayiti: "Haiti: A Republic of NGOs?" (https://www.usip.org/sites/default/files/PB%2 023%20Haiti%20a%20Republic%20of%20NG Os.pdf) Sa vle di ke Ayiti se yon Repiblic ONG. Ayiti se yon peyi kote ke pèp la ake gouvèlman li ap viv nan mandisite tankou yon pòv kap made devan legliz Sen Jan Bosko tou sal, se sa yo ba li, li pran tankou yon timoun san fanmi kote tout moun vin geri bosko yo sou li.

Apre plis pase 200 lane de soufrans ak endiferans ke nou kite afekte nou inosaman, li lè pou ansanm nou deside vini proaktif nan demach pou chanje lavi nou ake peyi peyi an nou tankou jan Jovenel Moise Nèg Bannann nan fè sa pou tèt li ak pou peyi li nan kreyasyon kreyasyon yon ti biznis modèn ki rele Agratrans S.A.

Pandan nap pale la a, li gen yen plis pase 10,000 ONG nan peyi Dayiti kap fè nou menm ake gouvèlman nou an la charit pou nou pa mouri la fen, nan bannou: manje, rad epi lajan. Paske se nou menm ki chwazi pou nou pi pòv nan lemond nan chita tann jiskaske jodi a nou vrèman tounen pwatann.

Lè a sonnen pou nou aksepte envitasyon Nèg Bannanna nan epi kite'l gide nou sou chimen devlopman an, nan aprann kreye pou kont nou, san mande charite. Men pito nan kreyasyon tout kalite ti biznis tankou Agritrans S.A nan tout 10 depatman yo san nou pa bliye onzyèm nan a rezon de 1,000 antreprenè sosyal nan chak depatman. Konsa na rive kreye yon lame biznis pou yon revolisyon sosyo-ekonomik sou zòd General mouvman sosyo-antreprenaryal la, Misye Jojo Moise ki deja sakrifye tèt li kòm premye majò jon revolisyon an. Kidonk, nou sèlman bezwen 9,999 nouvo lidè sosyo-ekonomik pou ede lidè pèp la Jojo Moise avèk sipò Prezidan Michel Martelly PHTK TET KALE nan kanaval 2017 la ki gen pou tit: "Gadon Piyay Jojo an Ayiti." Pandan setan, nap obeyi lòd Jojo yo tèt kale nan kreyasyon yon nouvèl Ayiti ki sosyalman solidè, ekonomikman endepandan ake politikman estab. Se yon mannyè pou nou rive retire etikèt Repiblik ONG a ke anpil Ayisyen inyore, sou do a Ayiti Tonma.

Anfen, nan nouvèl Ayiti kap pran nesans la a, li pap gen ni mande charite, ni fè kado. Men pito jan sa fèt nan Agritrans, Jojo envite nou pou nou naje ansanm, pou nou soti nan lanmè mizè ki bande ja nou, epi fè nou viv tankou moun ki avèg; e pi douvan menm, fè nou pa tande tankou moun ki soud. Se nan sans sila a, ke Prezidan Jojo Moise ap entèpele nou osinon ap priye an gras: chak grenn Ayisyen ake chak grenn zanman Ayiti yo nan diaspora ak an Ayiti ki gen la konsyans ake la konesans, ki gen lajan ake biznis pou sipòte mouvman Nèg a Bannann nan an Ayiti nan konvèti tèt a'w an yon antreprenè osinon yon envestisè pou envesti nan touris dirab ake agrikilti biolojik, ak Agritrans S.A elatriye nan objektif pou kreye yon djòb pou chak grenn Ayisyen ki gen laj pou li travay. Epi an menm tan an tou, kreye anpil richès nan tout peyi a pou jide Ayiti retrouve fyète li osinon dantan li, konsa nou tout ansanm, na retrouve diyite an nou kòm pèp nan linite ake la prosperite pandan nap chante ake Sweet Micki: Gadon piyay Jojo an Ayiti! Gadon piyay Jojo nan kanaval 2017 la!

8- WIPA

WIPA: Wolove Inivèsite Popilè Ayiti, se yon kolaborasyon anmoure ake patriotik ant entelektyèl Ayisyen an Ayiti ake nan diaspora a nan lide pou nou akonpanye pèp Ayisyen an ak Otorite li yo doubout san dòmi nan je sou fòm seminè ak visit gide ak angaje pou kreye djòb pou chanje lavi pèp la ki bouke soufri.

WIPA se yon yon seri prodwi osinon ti biznis nou ap kreye kote nou vann osinon pataje franchise yo ake lòt antreprenè an Ayiti ak aletranje. Nou pa pral chita nan sal de klas tradisyonèl. Nap fè coaching ake mentoring sa vle di nap akonpaye ou epi antrene ou pratikman pou ou ka fe siksè nan biznis ou ake aplikasyon lide biznis ou. Men, ou dwe gen kapasite, mwayen ak volonte pou aplike ak adapte nouvèl teknoloji yo. Anfen, Anglè kòm lang komèsyal ak echanj trezenpòtan, se pou tèt sa nou envite ou ale nan www.ifriendnett.org epi klike sou English Classes pou ou sa koumanse aprann Anglè woloveman palan osinon gratis; men ou ka toujou chèche lòt sit internet ki ofri menm posibilite sila a tou.

Premye sant pratik ake teknolojik an nou chita nan PDI (Projet Developpement Integre) Desarmes Latibonit ak Direktè Program an nou: Macajoux Pierre Alix (Anax.) Kidonk, nap gen pou pataje ake ou aplikasyon de lide ti biznis an nou yo, e non pa lide biznis an nou yo. Anfen, mwen te aprann de yon bon zanmi

Ameriken (Robert Avel) ki toujou akonpaye m nan rekfleksyon mwen yo, li te edem konprann yon jou tankou jodi a ke: "enfomasyon pa pouvwa, se pito aplikasyon de enfomasyon ki pouvwa." Se nan sans sila ke nou chwazi envitew vin aprann kijan pou kreye biznis pa w la, apre nou fini kreye ak eksperimante menm biznis sila a nan laboratwa an nou ake nan lokalite kote nou sitiye yo. Konsa nou espere pataje ake ou premye biznis an nou anvan lontan pou ou ka vini founi je gade, pou ou ka deside pou vini yon envestisè osinon antreprenè.

Finalman, nou pa plis renmen peyi a pase ou menm kap li sa ke nap propoze la a, nou pa gen totalite verite a nan men nou. Men nou kwè ke jodi a chakenn nan nou dwe fè yon ti kichòy pou sove peyi Dayiti kap fin depafini. Se sèlman nan sans sila a, pou ede w konprann propozisyon pratik nou yo nan kad WIPA, nou ap travay sou 2 modil de fomasyon adapte pou ede jwenn solisyon ake 2 problem. Men jodi a nou deside pataje ak ou, sou kijan nou wè patisipasyon pa nou nan rezoud problèm prodiksyon ze nan peyi Dayiti, kap achte selon sa ke nou tout konnen: nou achte yon milyon ze nan men peyi vwazen chak jou Bondye mete, san nou pa gen okenn kontwòl sou kalite prodwi sila a; yon sitiyasyon ki ka petèt motèl pou pèp Ayisyen an lè nou sonje ke yo te konn vann nou yon salami espesyalman prepare ake maye fekal pou pwazonnen osinon disparèt pèp Ayisyen an. Aktyèlman, Macajoux Pierre Alix ap travay sou projè sila a pou nou koumanse avèk lansman premye poulaye de prodiksyon ze biolojik nan yon premye tan, e dezyèmman envite yon antreprenè pa komin pou kreye o mwens yo rezo de 140 ti biznis ki koumanse ake sa yo kapap pou rive nan anviwon 50,000 ze pa jou e pa komin. Konsa nap rive nan prodiksyon de yon milyon kat san mil ze pa jou. Sa vle di, nou pral kolabore ake lòt patnè ki deja ekspè nan domèn nan pou nou ka ajoute yon pa 750,000 pa jou sou 250,000 ze ke peyi a ap prodwi jodi a dapre Agrisol S.A (*https://www.facebook.com/Agrisol-SA-412301062282951/?fref=ts*) epi rive ekspoòe ekstra prodiksyon an nan kad kreyasyon djòb ake richès nan peyi a menm jan ak Agritrans S.A. Nou vle tou di ou an pasan ke nou pa yon ONG. Men, nou nan prosesis de kreyasyon yon seri de antrepriz sosyo-ekonimik kap chita sou bon jan relasyon ak sipò youn pou lòt kote ke nou ka toujou envesti ansanm san okenn kado. Kidonk, nap gen pou kolabore ake envestisè otonòm an Ayiti ake nan diaspora a kote nou konte bay yon seri de konferans pou sansibilize Ayisyen *a letranje yo sou kreyasyon biznis an Ayiti ki ka petèt pi enpòtan pase fè transfè manje osinon pèpè ak lajan an Ayiti si nou vreman vle ede Ayiti pou vini granmoun tèt li. Pa bliye ke nap gen yon rezo de 140 nouvo antreprenè/milyonè sosyal pou chak kategori biznis epi, koodinasyon de tout rezo sila a ap bay nesans ake yon nouvo network Ayisyen pou sipòte Ayiti nan peye taks ak finanse proje piblik osinon prive tankou finanse eleksyon an Ayiti ake don ki soti sèlman kote Ayisyen, e poukwa pa ede chanje lemond nan envesti nan lòt peyi, tankou grameen bank kap evesti nan lòt peyi jodi a. Pou nou tout ki konprann lang Anglè, mwen envite nou ale founi je gade nan dènye chapit la ki rele DEGI, pou nou konprann epi aprann apresye lide yo pou Ayiti, ak pou rès mond la selon evalyasyon de chanjman/filozofi sosyo-ekonomik an nou an, pa Howard Community*

College nan peyi Meriken. Ann kreye travay nan peyi an nou nan tèt ansanm, si nou pa vle patisipe ansanm nan disparisyon bò pa nou a nan zile Kiskeya. Nan swit chapit sila a, nap prezante w kèk Nan disiplin nap gen pou pataje ake ou nan kad WIPA:

8.1- WOLOVE

Wolove: Travay Obeyi Renmen, se yon yon lanmou sosyo-ekonomik ki vini pou tiye grangou, diminye vyolance epi mennen inite ake prosperite an Ayiti. Kidonk, konsèp Wolove la ke yon konbitològ Ayisyen (Bertony Paul} envante pou ankouraje tout Ayisyen rantre danble nan travay di, obeyi la lwa epi renmen peyi an nou Ayiti Cheri. Pou koumanse pratike filozofi wolove la, ou sèlman bezwen fonde yon klib sou katye kote wap viv la epi chak manm dwe fè yon ti jaden nan lakou lakay li osinon nenpòt lòt kote ki apropriye; men epi e sitou, pa bliye plante bannann yon fason pou plis ke 50% nan manje nap kwit nan koujin nan soti nan lakou a, epi tchenbe katye kote nap viv la pwòp. Jodi a espesyalman nou deside pataje ake ou 2 moman enpòtan nan filozofi WOLOVE la ake ou ki se: moman konbitolojik ake moman konbitokratik nan lavi pèp Ayisyen an. (https://www.youtube.com/watch?v=il6aClhfK vc)

8.2- KONBITOLOJI

Menm jan ak moun, mo yo pran nesans yo viv yo devlope epi tou yo mouri. Jodi a se tou pa mo konbit la ki soti nan zantray nou pou li ede nou devlope peyi nou. Pliske nou plis genyen yon kilti oral an Ayiti, li trè fasil pou nou kapte osinon jwenn siyifikasyon mo konbit la ki vle di travay ansanm pandan plis pase 200 zan.

Tout manm PHTK ake tout lòt kanmarad kap sipòte mouvman Nèg Bannnann nan ta dwe kreye yon asosiyasyon nan zòn kote yo ye a, pou yo ka pratike konbitoloji.

Konbitoloji se yon sistèm ki soti nan amelyorasyon de kondisyon la vi nou pou rive nan edikasyon nou, soti nan edikasyon nou pou rive nan devlopman nou an pasan pa yon tiyo inik ki se bon jan relasyon antre nou tout jan Jovenel ap aprann nou fè sa nan Agritrans S.A.

Se kolonn ki bat. Se konbit ki pèmèt peyizan ayisyen yo nouri Ayiti pandan plis pase 200 lane. Pa egzanp, nan Latibonit, 10 nan peyizan malere nou yo ka mete ansanm fè konbit pou travay tè yo oswa pou fè jaden yo: jodi a yo fè konbit nan jaden yon moun, demen yo fè konbit nan jaden yon lòt jiskaske tout moun jwenn tou pa yo. Nou jwenn tou ke, ti peyizan san tè yo tou yo mete ansanm pou fè konbit pou yo ka jwenn lajan pou yo viv. Pa egzanp, 5 ti peyizan san tè mete ansanm pou ale fè konbit nan jaden lòt moun ki genyen lajan pou peye yo pou èd yo osinon pou fòs kouraj yo. E, chak jou ke group ti peyizan san tè yo mete ansanm pou fè konbit nan janden yon plantè, tout kòb oswa lajan yo peye yo pou jounen an ale nan pòch youn nan yo ensid swit. Jiska prezan, konbitoliji rete yon syans kache kay peyizan ayisyen yo, se syans sila a ki pèmèt ke peyizan ayisyen yo sibziste pandan plis pase 2 syèk. Nou kwè ke li vreman vital pou entetektyèl ayisyen yo ta pote kole ake peyizan frè ak sè nou yo pou sove syans sila a ki kapab ede anpil nan devlopman peyi Dayiti elatriye. Paske konbitoloji se yon eritaj kolosal de sa nou vreman ye. Nou se yon gran pèp pòv kap viv nan yon ti peyi rich kote ke ayisyen yo sèlman bezwen yon ti gout la konsyans ake konesans pou yo tout ka viv alèz.

Si peyizan nou yo ka sibziste ake syans sila a oralman pandan si lontan. Li lè, li tan pou ayisyen save yo bay konbitoloji yon nouvèl vi nan mete li sou papye ak anseye li pou ede nou viv ere, pou ede nou viv tankou moun. Kote nou tout aprann li, aprann ekri ak reflechi pou nou ka prodwi materyèlman, pou nou ka prodwi entelektyèlman ak kiltirèlman plis pase sa nou bezwen pou nou viv epi pataje ak vann diplis la ake lòt peyi etranje yo. Anfen, nou pa bezwen etidye filozòf ki soti nan ziltik pou nou konprann ake transfòme reyalite nap viv la, si nou vle devlope tout bon vre, an nou kite Jovenel Moise gide nou nan aplikasyon vizyon li ki se mete: tè yo, rivyè yo, solèy la ake moun yo an amoni pou devlope Ayiti.

Zam pou libere tout pèp kap trimen anba pouvwa lanmizè tankou pèp ayisyen an jodi a, se yon zam ki rele: ledikasyon. Paske, lè ou edike yon moun ou libere moun sila a. kidonk, li lè pou nou koumanse pale de sa ki enpòtan pou nou, li tan pou nou koumanse pale de ledikasyon si nou vle soti kote ke nou ye la a. Ankò yon fwa, an nou gade de prè pou nou wè ki leson nou ka tire nan konbitoloji kay peyizan ayisyen yo. Premye bagay nou ka konsidere sè ke, moun yo koumanse *travay pou rezoud yon problèm ansanm. Moun yo grangou, moun yo bezwen manje. Pou rezoud problèm sila a, yo kole tèt yo ansanm pou sekle pou wouze pou plante ak pou rekòlte. Nou ka kontinye pou di ke li genyen bèl leson ke politik yo ka tire nan konbitolji pou rezoud problèm nan kèlkeswa kote ke yo ye sou la tè beni. Paske, nou soti wè ki jan ke peyizan ayisyen yo rezoud yon problèm grangou. Peyizan yo pa chita sou divizyon yo mete tèt yo ansanm. Peyizan yo pa fè manifestasyon, yo fè platasyon. Peyizan yo pa fè konpetisyon, yo fè konbit pou prodwi manje pou nouri nou pou nou pa peri, nou dwe apresye sa e osi swiv egzanp konbitolojik peyizan yo nan mete ansanm pou devlope peyi nou osinon tèt an nou.*

Anfen, pou nou dwe viv konbitolojikman, nou dwe travay nan tèt ansanm pou prodwi pifò nan byen nou bezwen pou nou viv ak pou ekspòtasyon, nou dwe libere tèt nou pa lentèmedyè ledikasyon pou nou ka rive sou chimen devlopman. Nou dwe sispann pèdi tan nou nan fè manifestasyon, nou dwe sispann fè konpetisyon. Nou pa dwe fè vyolans, se pou nou fè alyans tankou PHTK. Se pou nou aprann kijan pou nou mete tèt ansanm pou rezoud problèm nou yo ansanm. Nou dwe envante konbitolojikman yon nouvo group dirijan ki entelijan ak eklere e, tankou Jovenel Moise ki renmen ede ak pran swen lòt moun. An verite, an verite, an verite mwen priye nou an gras pou nou soti nan sistèm prodiksyon tradisyonèl la pou nou rantre dan la modènizasyon ak mouvman Nèg Bannann nan. Konsa na rive nan yon Eta konbitokratik kote tout moun ap pratike la konbitokrasi nan yon sosyete anmoure ki sosyalman solidè, ekonomikman fò ake politikman estab.

8.3- KONBITOKRASI

Konbitokrasi se yon nouvo sistèm politik Ayisyen pou Ayiti. Nap viv nan yon epòk demokratik. Poutèt sa, nou pral fè yon ti rale sou mo demokrasi, anvan nou pataje avèk ou sou ki sa ke nou antann pa konbitokrasi. Youn nan pi bèl definisyon de demokrasi soti nan zantray yon potorik przidan ameriken (Abraham Lincoln) ki defini demokrasi a konsa: "la democratie est e gouvernement du peuple, par le peuple, pour le peuple" (*fr.wikipedia.org/wiki/Démocratie*) *an bon kreyòl, sa vle di, demokrasi se gouvèlman pèp la, pa pèp la, pou pèp la.*

Nan gouvèlman ou gen de group moun: gouvènan ki se moun ki la pou sèvi ak dirije e, yon lòt kote nou gen gouvène ki se moun kap swiv direksyon gouvènan yo. Se pèp la ki eli gouvènan yo nan eleksyon pou reprezate li nan pouvwa pèp la, pou pran desizyon nan non pèp la pou pèp la, pou gide pèp la nan bon chimen lapè, le devlopman ak la prosperite. Nan la demokrasi, pèp la gen anpil pouvwa nan jou eleksyon yo. Apre sa, pèp la al chita tann gouvenan li yo pou yo reyalize tout bèl promès yo te fè pandan peryòd elektoral la. Si gouvènan yo fè bon travay, pèp la ka vote pou yo ankò, si yo pa bay bon rezilta, pèp la ka vote pou lòt moun. Nan peyi ki gen bon jan estrikti demokratik tankou yon peyi rich tankou Etazini bagay yo byen mache. Paske toujou gen konpetisyon pou wè ki pati ki ka dirije pi byen pase lòt. Men nan peyi pòv yo tankou peyi Dayiti, nou fè konpetisyon pou kenbe pouvwa pi lontan pou fè plis lajan. Nou pa gen okenn problèm ake zafè fè lajan si li fèt nan bon kondisyon travay di pou reyalize anpil lajan nan fè ti biznis e non pa nan tranzaksyon politik sou do a pèp la. Nou kwè ke nan peyi pòv yo Jodi a, nou ta dwe panse enjekte yon ti koulè konbit (travay Nan tèt ansanm) nan sistèm demokratik la pou petèt bay nesans a yon ti kouran politik nouvo ke nou ta swete rele konbitokrasi.

Nap eseye defini konbitokrasi konsa: pouvwa pèp la, pou libere tèt li nan mete tèt ansanm ake dirijan li yo. Konbitokrasi a dwe yon nouvèl fòm osinon yon nouvo sestèm politik ki ka klere peyi pòv yo sou chimen devlopman an. Paske se pa yon sistèm ki vini pou ranplase la demokrasi. Men pito yon sòt de epirasyon de tout bagay ki pap ede nou avanse demokratikman andedan demokrasi a *nan peyi pòv yo. Move bagay sila yo se: manifestasyon, vyolans, divizyon, konpetisyon, kritike ak chita tann gouvèlman pou fè tout bagay pou nou nan plas nou. Kidonk, kobitokrasi ta dwe yon sistèm kote pouvwa pèp la pa limite a eli gouvènan li yo sèlman epi chita, men tou e sitou kolabore nan ede gouvènan li yo reyalize tout bèl rèv elektoral yo pou prosperite tout nasyon an. Ki vle di, konbitokrasi a se ranfòsman sistèm demokratik la pou reyisit ekonomik ak sosyal peyi pòv yo.*

Nan konbitokrasi, gouvène yo kontinye travay nan tèt ansanm ak gouvènan li yo menm apre lè eleksyon fin fèt. Li dwe toujou gen bon jan relasyon kobitokratik ant pèp la ake dirijan li yo. Dwe gen sant de rasanbleman nan chak kominote yo avèk prezans bon jan sistèm de kominikasyon teknolojik pou pèmèt pèp la rete an kotak ake dirijan li yo menm lè yo pa tou pre nan la reyalite, yo toujou ka rankontre vityèlman. Nan konbitokrasi, gouvène ak gouvènan dwe koumanse travay a pati de problèm ki genyen nan sosyete a ke nou tout dwe rezoud nan tèt ansanm. Se sou rezoud problèm sèlman ke nou dwe fikse tout fòs an nou.

Nou dwe depanse tout enèji nou nan mete tèt ansanm pou reyalize tout bèl rèv nou fè pou tèt an nou ak pou peyi an nou. Pa dwe gen okenn chita tann gouvèlman pou fè anyen pou nou. Men, nou dwe aprann felisite gouvèlman peyi nou pou tout sa li fè ki bon epi mete tèt ansanm ake otorite nou yo pou tout bèl reyalizasyon ke nou swete fè ansanm e ke nou poko ka fè. Se mete tèt ansanm pou travay di, pou obeyi la lwa ak renmen peyi nou ki dwe sèl bousòl nou. Nou pa ta dwe ankouraje osinon patisipe nan kreye oswa nan fè vyolans. Nou pa dwe nan fè okenn konpetisyon nan sans enterè endividyèl oswa pèsonèl. Nou dwe fikse nou tout tan ak tout kote sou bèl reyalizasyon ki ale nan sans enterè kolektivite a.

La manifestasyon, la vyolans ak la divizyon pap mennen peyi pòv yo okenn kote. Paske, se ledikasyon, lanmou, la teknoloji ak le travay kap sove peyi pòv yo epi tou mennen yo nan yon sosyete konbitokratik.

An dènye lye, nou panse ke, nan mitan move tan, la konbitokrasi ta dwe nan mitan peyi pòv yo, yon karès sosyalman prodiktiv e kolektivman ekonomik. Konbitokrasi se yon prodiksyon entelektyèl ki chita sou yon solidarite sosyal eklere kote nou enpoze tèt an nou yon modèl de vi: youn pou tout, tout pou youn. Kote ke chak grenn moun dwe fè solidarite ak rès sosyete a paske rès sosyete a solidè avèk li. Youn nan pi gro leson solidarite ke Ayiti janmè konnen, se solidarite nan lame Dayiti kote ke tout sòlda yo dwe genyen ansanm oswa yo tout dwe mouri ansanm. Nan menm sans sila a, nou tout ayisyen dwe reyisi ansanm oubyen nou tout ap peri ansanm. Paske, pa gen sosyere san solidarite. Jodi a, nou *kosidere solidarite tankou yon kontra nou pase ake sosyete a pou nou ka rive fè de Ayiti yon Eta modèn kote ayisyen yo viv pi byen ak pi lontan. Fòk nou toujou sonje ke, nan je etranje yo, tout ayisyen se pwason kraze nan bouyon, tout ayisyen se menm. Sa ede nou konprann ak aksepte ke, si yon ayisyen ap soufri, se tout ayisyen ki ap soufri. Kidonk, nan nouvèl sosyete nap envante la a, se youn pou tout tout pou youn. Anfen, nou ka di ke konbitokrasi ap prodwi yon seri de relasyon sosyal ki favorab a dekolaj ekonomik pou peyi pòv yo ak pi patikilyèman peyi Dayiti.*

8.4- Antreprenarya Sosyal

Nou konseye w, retounen al li chapit 3 pou ou ka gen yen yon lide sou antreprenarya sosyal.

- *Etid de "Jovenel Moise ak Agritrans S.A" (https://www.youtube.com/watch?v=91cKMW Rvj_4)*

8.5- ESTAF ADMINISTRATIF WIPA

1- Reveran Pè Frantz Grandoit OP: Prezidan

2- Macajoux Pierre Alix: Direktè Program (Ekspè an devlopman kominotè)

3- Marcel Lecorps: Direktè Relasyon Piblik (Psikològ)

4- Bertony Paul: Direktè Depatman Antreprenarya sosyal (Konbitològ, Antreprenè Sosyal)

P.S.

"Yon vre leadership se lè ou rive transfòme moun ke wap ede osinon gide yo an moun ki pa bezwen èd ou ankò."Jodi a PDI (Projè Devlopman Entegre) ke Pè Frantz Grandoit ake Macajoux Pierre Alix alyas Anax ap dirije, gen yon total de 12 anplwaye. Mwen menm Bertony Paul, si m te toujou ap viv Ayiti, te kapap gen yen trèzyèm anplwaye ki tap mwenmenm sèvitè ou. Paske mwen tap youn nan yo. Kidonk, mwen tap toujou bezwen PDI pou banm djòb. Jodi a, apre 40 lane

eksperyans, Pè Frantz deside akonpaye nou nan kad WIPA pou ansanm kòm antreprenè ak envestisè nou rive kreye yon seri prodwi sosyo-ekonomik ke mwen menm ak Macajoux dwe eksperimante pou answit pataje sa ki pote siksè ake lòt anplwaye PDI yo ak rès peyi a sitou ake moun ki pi piti yo, pou jide Ayiti devlope tout bon vre. Anfen, nou pral envesti nan domèn agrikilti ake touristik pandan nap kontinye ake fòmasyon nan nivo sosyal jiskaske tout anplwaye PDI yo vin tounen antreprenè ak envestisè ki pa bezwen èd Pè Frantz ankò. Men pito an milyonè sosyal ki kontinye fè sèvis volontè ake PDI pou patisipe nan kreyasyon 10,000 nouvo antreprenè Ayisyen a travè tout Ayiti ake nan diaspora a pou nou rive bay tout moun travay epi devlope peyi nan sans ke, se nou menm antreprenè Ayisyen yo ki finanse gouvèlman

Ayisyen an ake tout projè a karaktè sosyal nan peyi Ayiti Toma!

Pour changer Haiti, il faut demotiver la foule et motiver la personne en partageant avec elle l'application d'une idee socio-economique reelle comme Agritrans S.A de Jovenel Moise PHTK qui produit du boulot et de la richesse et non pas par des idees virtuelles et obsolettes. C'est seulement de cette manière qu'on peut arriver a une nouvelle societe Haitienne qui est socialement solidaire, economiquement independente et politiquement stable! Car, l'application de l'information est le pouvoir et non pas l'information en elle-meme ou la manipulation demagogique de l'info. Donc, le quatrieme pouvoir n'existe pas avec seulement les travailleurs de la presse qui souvant ne pensent jamais. Mais avec des practiciens

éclaires et qui sont du groupe des 5% des gens qui pensent et agissent comme Jovenel Moise pour ameliorer la vie de la societe humaine et ou mondiale en commencant par son pays natal!
www.bertonypaul.com

9- PROJEKSYON

PHTK pare pou akonpanye lòt pati politik ak apiye osinon fè kanpay pou kandida ki siyen yon kontra ake nou pou devlope anpil lanmou ak pasyon pou reyalize nan sans enterè peyi a, kreyasyon tout kalite ti biznis ki ka kreye djòb ak richès pou Ayisyen ka viv an Ayiti ak kè kontan griyen dan. Finalman, dwe gen yon program ke nou elabore ansanm ak yon vizyon epi yon plan egzekisyon pou tout tan avèk oubyen san pouvwa osinon pou sipòte pouvwa Leta a? Pou fini nap kontinye di ke: politik se yon syans konpromi, ki vle nou rann posib tout bagay ki nesesè pou yon pèp ka viv alèz, se nan sans sa a ke Jovenel Moise lidè PHTK a, toujou fè premye pa a, kote li deside al rankontre manm lòt pati yo ke li konsidere kòm konpetitè e non pa kòm advèsè. Kidonk, Ayiti avantou!

10- KONKLIZYON

Koulye a la nou pral louvri yon fenèt sou lavni, se sa ki pral pran plas konklizyon nou. Paske, nou pa gen tan pou nou pedi, sitou ke chak inisyativ nou pran dwe gen yon dimansyon nasyonal pou nou ka vreman devlope peyi a ansanm san fos kote ak yon ti limye espesyal ki se Jovenel Moise kap gide nou sou chimen devlopman an pou nou ka rive mete manje nan asyet nou ak mete lamama nan pòch an nou pou lavi diran. Jodi a nou gen yen Agritrans kòm yon gro modèl reyisit sosyo-ekonomik ke nou dwe miltipliye a travè tout 10 depatman yo an kolaborasyon ake Jojo Moise PHTK ak onzyèm depatman an osinon diaspora a pou kreye 2 fon denvestisman pou finanse yon seri de echatiyon ti biznis nan tout kategori biznis ki nesesè pou chanje lavi tout Ayisyen yo san distinksyon nan PDI (Projè

Devlopman Entegre) anvan nou vilgarize yo a travè tout peyi a. Koulye a, nap envite w pou rete soude osinon founi je w gade chak jou chapit 9 la ki se zouti ke nou pral itilize pou rasyonalize lide Jovenel yo ake filozofi Wolove la ki se WIPA (Wolove Inivèsite Popilè Ayiti) pou akonpaye pèp la sou chimen la prosperite, linite ak le progrè pandan nap plis sèvi ake eksperyans plimeyank Ayisyen yo kòm model oubyen zouti chanjman nap tan depi lontan an ki se oumenm menm.

Jodi a, lè a sonnen pou nou aprann kreye biznis, djòb ak richès, nan travay di, obeyi la lwa ak renmen Ayiti; konsa na rive viv nan yon nouvèl sosyete Ayisyen ki sosyalman solidè, ekonomikman endepadan ak politikman estab. Mèsi anpil, nou renmen ou anpil anpil. Se pou Bondye beni nou tout ake Jojo Moise Tèt Kale!

11- DEGI: evalyasyon an anglè de lide konbitolojik Bertony Paul yo pa profesè Weber Roger nan: The Center for Entrepreneurial & Business Excellence Howard Community College

Si ou pale anglè, koulye a nou envite w gade ake nou kijan yon Lekèl siperyè nan Etazini evalye empak yon pansè Ayisyen sou sosyete Ayisyen an elatriye:

Assessment Report and Recommendations
Date of Assessment: January - March, 2014
Report Date: 3/10/2014
Entrepreneur: Bertony Paul
Business Name: "iFriendnet
Organization Inc"
www.ifriendnett.org
www.bertonypaul.com

YouTube

Twitter

Facebook

Summary of the Business Opportunity

"iFriendnet Organization Inc." (IFO) is a non-profit company (501c3) that is a social entrepreneurship venture whose goal is to help people and their government work together to create a better place with peace, harmony, and prosperity. The initial focus of IFO is Haiti which is Bertony's home country.

IFO currently has two initiatives: teaching English to allow Haitians to get jobs in the tourism industry, and backyard farming empowering people to grow their own food.

The IFO's core values are work, obey, and love which it incorporates in its work and mission, and which Bertony wrote about in his book, WOLOVE: A Haitian-American's Dream.

Bertony was born and grew up in Haiti the oldest of six kids and has experienced hunger first hand. From 1997 to 2002 Bertony worked for two NGOs and the Haitian government to help bring about social change in Haiti. Bertony has also lived in France for a time and was in the seminary to study to become a priest. In 2002 Bertony came to the United States where his experiences led him to develop the concept of "The American Triangle of Success: work, obey, and love. Bertony published his book, WOLOVE, in 2013. Bertony wants to change the cycle of poverty that has long plagued Haiti and realizes that to do this the Haitians' mindset needs to change. Bertony brings a lifetime of experience to this venture of bringing people together for a common cause in Haiti, France, and the Dominican Republic. Bertony's efforts were featured on a CBS News Broadcast on

June 9, 2013. Bertony has been using his own funds to finance the efforts of IFO.

The competitive advantage that IFO brings is the passion, vision, and drive that Bertony has to help create a better life for the people of his homeland.

Differentiating his products and services from other competitors, the value that IFO provides to customers/clients is:

> *1. Knowledge & experience, as Bertony is a native Haitian*
>
> *2. Providing job opportunities and a better life for Haitians*
>
> *3. IFO will work with the government to help the people*
>
> *4. IFO is helping in rebuilding Haiti from the earthquake in 2010 by sharing knowledge with teaching English and how to do backyard farming*

Mission Statement: Building community by sharing knowledge.

Core Values are:

1. WOLOVE: work, obey, and love

2. Help others to help themselves

3. Create opportunity

4. Peace, love, and prosperity

What is the need/problem/pain that is being solved? People in Haiti are experiencing the problems of hunger and unemployment.

Benefits clients will receive are:

1.   Knowledge of English

2.   Ability to grow own food

3.   Opportunity

4.   WOLOVE Mindset: work, obey & love

Bertony's motivation for starting this business stems from his passion in doing this work and:

1.   Helping, and taking care of others

2.   *Empowering people to create a better life*

3.   *To make a difference in the World*

4.   *Wanting to change the mindset of Haitians*

The plan for growing the business is to provide a good customer experience generating awareness and referrals. The plan is to create a recognizable brand.

The short run goals for the first year of business are to:

1.   *Develop strategic marketing plan.*

2.   *Establish brand identity.*

3.   *Establish customer base, focusing on school children.*

4.   *Achieve regular, sustainable source of income/donations.*

5.   *Develop and establish a few "first followers" to establish a good base for the effort to recruit others.*

The long run goals for the fifth year of business and beyond are:

1. *Establish recognizable brand.*

2. *Be well-known and respected.*

3. *Develop several different sources of sustainable revenue.*

4. *Successful venture, profitable, and sustainable.*

5. *Expand effort to other countries.*

SWOT Analysis

Strengths

- *Entrepreneur is creative, visionary, perceptive, committed, and driven.*

- *Entrepreneur has the characteristics to be a successful entrepreneur, as he is determined, hard-working, intelligent, sensible, persuasive, goal-oriented, and passionate about creating the business.*

- *Entrepreneur's personal strengths of passion, self-driven, articulate, honest, persistent, and bringing people together.*
- *Entrepreneur does well in creating a vision, and can think clearly.*
- *Entrepreneur is trying to take advantage of a niche in the marketplace (helping empower people in Haiti), and establish a brand.*
- *Entrepreneur has identified recent trends – people are aware of the plight of people in Haiti and want to help.*
- *Entrepreneur understands the risks of being an entrepreneur, and is aware of the time and work it will take to obtain the knowledge and experience to be successful.*
- *Entrepreneur is using a business model that is known to be successful, and also has implemented teaching English on*

line and has started teaching the backyard farming in Haiti.

- *Entrepreneur is carefully evaluating the risk versus the return in making decisions about his business plan.*

- *Entrepreneur is resilient and able to bounce back from adversity.*

- *Entrepreneur understands that developing donors to generate a continuous revenue stream will take time (maybe several years) to achieve a sustainable revenue.*

- *The business idea is targeted at a specific niche (helping people in Haiti) that entrepreneur has experience with, and can understand and relate to.*

- *Entrepreneur understands that it is necessary to create service attributes and benefits that differentiate from competitors, in able to compete effectively and establish a distinctive Brand Image. The differentiation is the focus on teaching English and backyard farming.*

- *Entrepreneur is forward looking as he does want to create a sustainable business.*

Weaknesses

- *Entrepreneur has many competitors for his customers.*

- *Entrepreneur needs to accumulate experience in managing and growing a business providing these products and services.*

- *Entrepreneur's personal weaknesses are lack of management skills, impatient to see results, too trustful of people, and uncertainty of ability to reach goals.*

- *Demand for this service and willingness to pay is unknown for new provider, and it will take time to create brand awareness.*

- *Entrepreneur needs to focus and prioritize as resources are limited.*
- *Entrepreneur's lack of business experience leaves the operation prone to mistakes in assumptions and judgment, and inconsistent results.*
- *Developing customers/clients and establishing a brand image will be difficult and time consuming. Target market consists of people wanting to learn English and/or backyard farming.*
- *There are a number of and several types of competitors (other NGOs, religious groups, and government agencies) offering similar services that are well-established and may have more resources.*

- *The timeline for customer/client development is a continuous process and may be several years to find the most effective ways. Referrals are the best, but takes time to develop a customer base from which to receive referrals.*
- *Financial resources to devote to this venture are limited; if revenue is not generated soon after launch business may not be able to grow to level desired.*

Opportunities

- *More people and businesses are interested in helping others.*
- *Trend for environmentally friendly products.*
- *As the economy improves more people can afford to donate more to charity.*
- *The start-up is taking a "lean" approach and bootstrapping strategy which will*

establish a firm base as the economy continues to improve.

- *Growth opportunities could come from exposure through the Internet and social media.*
- *Changes in technology and communication such as smart phone applications, social media, and the Internet could offer new opportunities.*
- *Could align your organization with other charities or causes, as joint ventures could be a more efficient way to establish efforts.*

Threats

- *It would not be hard for competitors to duplicate your business strategy.*
- *It is hard to change culture, and will take a long time.*
- *Changes in government or politics could endanger efforts.*

- *Natural disasters such as earthquakes or hurricanes could damage efforts or cause them to be more costly.*
- *Could be subject to fraud or theft as operations in Haiti not under direct supervision.*
- *Changes in technology may produce more competition.*
- *There may be many competitors, with larger resources, offering similar services.*
- *Federal government budget cuts will hurt this area, and affect income, decreasing ability to donate money to charity.*
- *New laws or regulations (could make operations more expensive).*

ENTREPRENEUR'S RISK versus REWARD MATRIX

REWARD

Large

Large Reward *Solid Business* *Opportunity* *Low Risk*	*Large Reward* *Gamble* *Risk Taker* *High Risk*
Small Reward *Hobby* *Low Risk*	*Small Reward* *Not Worth* *Effort* *High Risk*

Small/Low

Average

High

RISK

Outcomes Assessment:

- *Risk = Low*
- *Reward = Medium to High*

- *Solid Business Opportunity =It is always important to evaluate risk versus reward as decisions are made and as organization develops; spending time and resources wisely can result in a good return on your investment; this is a good business opportunity and will help you gain business experience, as well as helping others. Take small risks as you grow and build the business, as it is easier to recover from a small failure. Take survivable risks. However, with any venture there is the risk of failure.*
- *Need to have an exit strategy.*
  - *In case customer/client development is not successful.*
  - *If ready to move on to other ventures.*

Timmons Model of the Entrepreneurial Process

- *Balance* (need to create balance)
  - *Opportunity = medium to high*
  - *Resources = small*
  - *Founding Entrepreneur = medium (experienced in Haiti and helping others, and inexperienced in managing and growing a business.*
- *Fits and Gaps*
  - *Good market potential, new provider*
  - *Untested provider = need to establish brand and base in first few years*
- *Sustainable*
  - ***Profit*** *= good potential to impact lives*
  - ***People*** *= entrepreneur*

- o *Planet* = *natural, environmentally friendly*

- *Value Creation*
  - o *Customer perception of value/lives changed for the better*
  - o *Provide good value for cost*

- *Timing*
  - o *Customers/clients accepting of services*
  - o *Economic constraints not a big factor*
  - o *New competitors enter market*

- *Forces:*
  - o *The Opportunity*
    - *Market Demand* = *Large*
    - *Market Size* = *Significant*

- *Differentiation* = *Empowering others to make better lives*
- *The Resources*
  - *Physical Assets* = *Equipment, small*
  - *Human* = *Entrepreneur*
  - *Intellectual Property* = *Trademark and Copyright*
  - *Financial* = *Startup costs and working capital*
- *The Founding Team*
  - *Leadership* = *Vision and passion*
  - *Motivation* = *Helping others/making an impact in the World*

- *Knowledge and Experience = Needs to develop knowledge and experience with managing and growing a business; need experience with gardening.*
- *Communication = Promotion and sales, knowledgeable, organized, and passionate.*

Financial Goals

- *The short term focus is on obtaining revenue for financing operations.*
- *Determine short and long term goals for different revenue streams.*
- *Determine target date for achieving a sustainable level of operations.*

Start-Up Costs (for launch) = $5,000 - $6,000

- o *Research and development of services*
- o *Equipment and supplies*
- o *Licenses and permits*
- o *Marketing material and promotion costs*
- o *Networking*
- o *Insurance*
- o *Logo design*
- o *Website, web design, and hosting*
- o *Education and training for business knowledge*
- o *Couple months of operating expenses*
- o *Cash Flow and Reserve for negative cash flow*

Recommendations

Business Structure and Legal Requirements

- *Research requirements for licensing and permits.*

- *Written agreements and contracts with service providers and clients.*
- *Develop a Board of Directors or Board of Advisers*

Personal Growth and Development

- *Work with a business coach on development of your skills as an entrepreneur and business person.*
- *Look for ways to be involved in the non-profit industry, and in networking groups, to increase your awareness and networking contacts, and to gain experience.*
- *Accumulate more experience in managing, marketing, and operations for growing your business.*

Business Model

- *Develop a business plan that incorporates:*
  - *Scalability*

- o *Sustainability*
- o *Impact Multiplier = Value created versus cost*
- o *Reliability*
- o *Replicability*
- *Designing the Business Model with choices on:*
  - o *Management policies*
  - o *Use of assets and systems*
  - o *Roles and division between organization and stakeholders*
  - o *Empower users to participate*
  - o *Avoid becoming too dependent on any one person*
- *Need to focus time and effort initially on one specific direction. Where you are the most passionate? Where can your strengths be put to best use? Certain services or customer segments that have the most compelling need?*

- *Brand is currently unknown, needs more definition and meaning. What is your cause? Need to unite customers behind a cause to get them excited about the Brand.*

- *Need to continually answer the Customer Value Proposition: What value do you bring to your customers/clients?*

- *Need to focus energies on educating potential customers about your services, and creating buzz and awareness about your Brand.*

- *Need to think about establishing relationships with key contacts and centers of influence to expand your market potential.*

- *Need to think about development of packages of services that will be attractive to customers.*

- *Identify specific target markets; each target market needs a separate and distinct marketing strategy.*
- *Identify possible strategic partners – centers of influence.*
- *Need to identify critical success factors (non-financial) to benchmark and monitor results after implementation to determine if you are on track to reach goals and objectives.*
- *Need to have back-up plan for someone to handle your business if you get sick or incapacitated for a period of time; you could also develop a reciprocal agreement with a similar business.*

Sales and Marketing

- *Immediate development of a detailed marketing plan (how will you make your target market aware of the existence of your services?) with clear and actionable short and long term goals in the areas of:*

- o *Products (Services) = Attributes or benefits, understanding and effectiveness.*
- o *Pricing= Affordable and competitive, and pricing strategy for positioning brand. Need to price based on value being provided (customer perception of value).*
- o *Promotion—branding and message to convey customer value statement.*
- o *Place =Sales—what is the sales process towards meeting and obtaining customers?*
- o *Match types and characteristics of charitable services with appropriate target market.*

- *Analyze different market segments for activities to determine your best customer, which will be your target market. (school children)*
- *A concise definition of the target market as well as a timeline for marketing to various target market segments of the market.*
- *Need to answer: What are the needs, wants, and desires of your target market?*
- *Do proof of concept (customer validation) testing of any new products or services to gauge how your target market will respond to your business.*
- *Develop a plan to create awareness and a continuous pipeline of potential customers/clients.*

- *Develop a promotion strategy utilizing a Blog and Social Media. Do people have Internet access? Look for effect ways to promote message.*
- *Write articles for local publications.*
- *Develop some seminars/workshops that create awareness and demonstrate the value you can provide.*
- *Look for special events or shows where members of your target market, potential donors, or centers of influence are most likely to be present to promote awareness.*
- *Need to practice in promoting yourself to others.*
- *Need to develop relationships with centers of influence.*

- o *Develop a plan to record each customers/clients' preferences and needs and to track results of customers' benefits.*
- o *Set both short and long term goals to benchmark progress as to adding customers and delivering services, and know when there is a need to re-evaluate plans.*

Finance

- *Development of a written business model with pro forma financial statements (how will you make a sustainable stream of revenue/donations?).*
  - o *Develop plan for sources of revenue*
  - o *Look to develop a Kickstarter campaign or other similar fundraising effort*

- *Time sample to provide a detailed analysis of pricing for different products and services to assure a god cost/benefit margin*
  - *Positive cash flow.*
  - *Cost of providing specific services.*
- *Completion of detailed financial projections (revenue and expense), profitability, and cash flow.*
  - *Project burn-rate and projection of positive cash flow.*
  - *Create benchmarks and projections for projects.*

Risk analysis and mitigation – look into cost of purchasing insurance and ways to identify and control risks.

Operations

- *Develop a plan for initial launch of your "minimum viable product" to test the marketplace, evaluate customer preferences, and begin to develop a customer base.*

- *Work on writing a business process and standards plan, including time involved to provide specific services, meeting and communicating with customers, and development of quality control procedures.*

- *Develop a menu of services that will be practical to provide and attractive to customers.*

- *Look into obtaining Trademark for logo to establish intellectual property rights and copyrights.*

- *Work on improving productivity and skills in communicating brand, and receiving feedback from customers.*

- *Creation of a Website, Blog, Facebook, Pinterest, Instagram, and Twitter sites (or other social media websites) — develop a campaign towards supporting your brand and establishing awareness.*

Next Steps

Services associated with the Center for Entrepreneurial and Business Excellence

1. Utilize resources within the Center for Entrepreneurial and Business Excellence as part of your personal growth and development of your business.

2. Just In Time Courses

Enroll in the following course:

- *ENTR 103 Starting Your Own Business I—this course will begin your partnership with a business coach. It will also provide you with access to other resources that can help you with legal and financial action steps. ENTR-103 provides the entrepreneur with a guide through the process of business start up or enhancement. Following the completion of the ENTR-103, the entrepreneur will bring the business to successful launch or have discovered ways to improve the existing business. Goals and progress toward goals are reviewed with changes made as needed. (ENTR-203 Starting Your Business 2)*

· *ENTR 108 Marketing Plan Development --- In this three credit course the entrepreneur will complete a marketing plan for the business. The entrepreneur will complete market research that will help define relevant needs of the customer base. He/she will define the elements of the marketing mix, product, price, place and promotion, for their business and explain their role in building a successful marketing strategy.*

3. Other Course Recommendations for 2014-2015

In order to further advance your knowledge of business and entrepreneurship, consider enrolling in this course:

. *ENTR 120 – Entrepreneurship in Practice* --- *This course will help you improve the potential for entrepreneurial success by increasing skills and knowledge. This second-level course is designed to prepare business students and others to succeed in the new, global economy by teaching them to think and act like entrepreneurs. Students will learn the skills required to launch and manage new ventures, within or outside of the corporate environment. Case studies, virtual enterprises, simulations, and interaction with local entrepreneurs will allow students to practice and refine their entrepreneurial skills. Course topics include recognizing opportunity and risk, developing a business model, securing resources, managing the new venture, ethical issues, and planning for growth and change.*

Pre-requisites: Eligibility to enroll in ENGL-121. (3 hours weekly)

Overall Course Objectives

- *Upon completion of this course the student will be able to:*
- *1. Discuss entrepreneurial discovery processes.*
- *2. Develop a business concept.*
- *3. Recognize business opportunities and risks.*
- *4. Articulate a personal code of ethics to guide entrepreneurial decision-making.*
- *5. Prepare a feasibility plan.*
- *6. Describe the processes used to acquire the financial and human*

resources for venture creation/start-up.

· *7. Demonstrate an understanding of business planning (legal issues, marketing, finance, and management/organization).*

· *8. Discuss early management issues including staffing, operations, production, and finance.*

· *9. Demonstrate an understanding of how businesses grow and change.*

ENTR 210 – Developing Business Opportunities and Plans

This course provides basic information and skills needed by students who wish to develop their own small business, who currently work in such an operation, or who function in a larger business which cultivates intrapreneurship. The essential elements of this course revolve around recognizing new opportunities for entrepreneurial activities, developing successful methods of perceiving such endeavors, and selecting mechanisms needed to analyze the strengths and weaknesses of a new or evolving entrepreneurial venture. (3 hours weekly)

Overall Course Objectives:

Upon completion of this course the student will be able to:

1. Investigate active opportunities for new businesses ventures in the region.

2. Develop an active business plan.

3. Present the business plan to an industry review board

4. Analyze, and incorporate as appropriate, feedback from the review board.

Major Topics

I.   Business   Descriptions:
Recognizing   and   Evaluating   Business
Opportunities.

A.   Melding   Opportunities
and Creativity

B.   Defining Markets

C.   Identifying   Threats   to
Success

D.   Determining   Strengths
and Weaknesses

II.   Developing the Marketing Plan

A.   Industry Analysis

B.   Determining   the
Competitive Environment

C.   Product Definition

D.   Elements of Marketing

E.   Contingency Planning

III.   Developing the Financial Plan

A.   Operating and Capital
Budgets

B. Legal Forms of Business

C. Tax Considerations

D. Human Resources Issues

E. Limited Liability versus S Corporation

F. Use of Boards and Advisors

Other possible course to take at HCC to improve your business development and sales skills are:

- *BMGT-130 - Principles of Marketing*
- *BMGT-142 - Business Development and Sales for Emerging Leaders*

Additional Recommendations

- *Exit Strategy = Determine a definitive limit of resources (time and money) that once exceeded without positive results, will be the time to decide to exit the business.*

- *Consider other opportunities to market actively:*

o *Networking groups*

o *Non-profit trade associations and International Charitable organizations*

- *Other non-profit organizations with aligned social causes*

Jovenel Yon Vizyon Pou Yon Nouvel Ayiti

www.ingramcontent.com/pod-product-compliance
Lightning Source LLC
Chambersburg PA
CBHW060259290526
45789CB00001B/354